Pesch
Zwischen Karfreitag und Ostern

Für
Traudl Wallbrecher

Rudolf Pesch

Zwischen Karfreitag und Ostern

Die Umkehr der Jünger Jesu

Benziger

CIP-Kurztitelaufnahme der Deutschen Bibliothek

Pesch, Rudolf:
Zwischen Karfreitag und Ostern:
d. Umkehr d. Jünger Jesu / Rudolf Pesch. –
Zürich; Einsiedeln; Köln: Benziger, 1983.
ISBN 3-545-20079-5

Umschlaggestaltung: Fritz Brachmann, München
ISBN 3 545 20079 5

Inhalt

UMKEHR ist – spätestens seit dem jüngsten Katholikentag in Düsseldorf – zum Allerweltsmodewort geworden. Die babylonische Verwirrung, «daß keiner mehr die Sprache des anderen versteht» (Gen 11,7), hängt gewiß nicht zuletzt damit zusammen, daß nach vielem anderen nun auch Umkehr «machbar» geworden zu sein scheint.

Umkehr ist in jüdisch-christlicher Tradition ein Geschöpf Gottes, das den Bestand der Welt – die sonst verloren wäre – garantiert.

Zwischen Karfreitag und Ostern schuf Gott den Jüngern Jesu die Umkehr. Sie bekam ihren Ort in der Kirche. Ostern ist ohne Umkehr so wenig zu verstehen wie der Karfreitag; und umgekehrt.

Der Integrierten Gemeinde verdanke ich das Erkennen, und Ludwig Weimer insbesondere danke ich für das Mitformulieren entscheidender Akzente und Dimensionen der neutestamentlich-kirchlichen Ostertheologie, zumal des Zusammenhangs zwischen Osterglaube und Kirchesein.

Die hier vorgelegten Gedanken wurden in ersten Entwürfen bereits im Rundfunk und auf Akademietagungen vorgetragen; ich gebe sie zögernd in Druck.

Freiburg i. Br. – München, am 16. Oktober 1982
Rudolf Pesch

Der Weg, den die Jünger Jesu von der Verrats-
nacht des Karfreitags an, in der sie feige geflohen
waren, bis zur Umkehr an Ostern und zu ihrem
öffentlichen Bekenntnis in Jerusalem an Pfingsten, der Vollendung von Ostern, zurücklegten,
ist für jeden Betrachter ein Rätsel; er ist vor das
gewaltige Problem gestellt: Was muß Neues geschehen sein nach dem Karfreitag, daß die Jünger
diese Kraft und diesen einmütigen Mut bekamen,
gegen das mit dem Prozeß, der Verurteilung und
Kreuzigung Jesu ergangene höchstrichterliche jü-
disch-theologische *und* heidnisch-staatliche Urteil, Jesus habe als Gotteslästerer und Ketzer so-
wie als Volksschädling und Aufrührer den Tod
verdient, das wahre – auch gegen das Gesetz Israels, das als Gottes Gesetz gilt, zu verfechtende –
Urteil Gottes aufzubieten, der zu Unrecht Verur-
teilte und Hingerichtete sei der Messias gewesen,
Gott habe ihn auferweckt und ins Recht gesetzt
und durch ihn die Erlösung der Welt gelingen lassen? Woher bekamen sie den Mut, mit dieser Behauptung, die dem Urteil der jüdischen und römischen Behörde widersprach, den eigenen Kopf zu
riskieren? Wieso wagten sie das Urteil, und wieso
konnten sie es als Gottes Urteil verantworten, daß
Israel mit der Verwerfung Jesu von Nazaret selbst
zum verworfenen Geschlecht geworden sei, das

aus seiner Verstrickung umkehren müsse; wieso wagten sie den Widerspruch gegen die Tempelbehörde, sie müßten «Gott mehr gehorchen als den Menschen» des Tempellehramts, dem sie mit solchem Widerspruch seine Vollmacht absprachen? Wieso konnten sie öffentlich verkündigen, mit Jesus und seiner Geschichte sei das «letzte» Wort Jahwes gesprochen, durch ihn sei in Wahrheit und Wirklichkeit die Lösung aller Fragen der Gesetzesfrommen und der politischen Eiferer, der Apokalyptiker und der Theokraten, ja von Juden und Heiden heraufgekommen, von Gott herbeigeführt – und zwar gerade durch seinen Tod? Wie konnten sie – in so kurzer Frist – das im Horizont jüdischer Tradition vielleicht naheliegende Urteil, Jesus sei doch – trotz des Schuldspruchs gegen ihn – ein gerechter Prophet oder gar der eschatologische Prophet gewesen, überbieten mit dem für zeitgenössische Ohren nahezu gotteslästerlichen Bekenntnis, er sei der Messias, der Menschensohn, der Sohn Gottes, der Vollender der Offenbarung Gottes?

Der Weg der Umkehr der Jünger aus Feigheit, Schwäche und Angst bis zur österlichen Nachfolge Jesu, des erhöhten Herrn, der als der getötete und mundtot gemachte «Mund Gottes» in seinen Zeugen in der Urgemeinde gleichsam einhundertzwanzig Münder bekommen hatte, dieser Weg ist für jeden Betrachter das große Rätsel.

Die «einfache» Auflösung dieses Rätsels ist bekannt: Gott hat die Jünger Jesu durch ein leeres Grab, durch Engelworte und durch die Erscheinungen des Auferstandenen belehrt und überzeugt. Ebenso bekannt ist freilich, daß diese «einfache» Lösung des gewaltigen Problems umstritten ist, des Betrugs verdächtigt und auf vielfältige Weise in Zweifel gezogen wie verteidigt wurde.

Was die «einfache» Lösung schwierig macht, sind zuletzt nicht historische oder psychologische Fragen, sondern ist die theologische Sachfrage: Sind die Jünger Jesu tatsächlich Zeugen und Bürgen des Urteils Gottes? Gegen das – doch auch unter Berufung auf Gott und sein Gesetz ergangene – Urteil der Tempelbehörde? Hatte Gott tatsächlich Jesus gegen das Urteil seiner Gegner recht gegeben?

Die Schwierigkeit der «einfachen» Lösung können wir uns durch folgende, im biblisch-jüdischen Horizont durchaus angemessene Frage verdeutlichen: Vorausgesetzt, die Jünger hatten Visionen, Jesu Leichnam war im Grab nicht mehr zu finden, Engel sind den Frauen erschienen und Jesus selbst den Jüngern in verklärter Gestalt – wer gab ihnen die Gewißheit, daß dies nicht Satanstrug war, nicht dämonische Irreführung, nicht Blendung und Täuschung?

Das heißt: Unter allen Umständen mußte das Sachproblem gelöst, mußte «sachlich» entschieden werden, ob Jesus oder seine Gegner recht hatten, ob er oder sie den wahren Willen Gottes vertraten – und nun nach dem Karfreitag: Ob Jesu Gegner über Jesus recht geurteilt hatten oder ob seine Jünger, von Gott belehrt, Gottes Urteil über Jesus gegen das Urteil der Tempelbehörde setzen durften.

Jeder Jünger Jesu ist vor diese Frage gestellt, damals wie heute. Hätten sich die Jünger Jesu an Ostern getäuscht, indem sie Jesus ins Recht gesetzt sahen und ihm recht gaben, so hätten sie ihr und unser Heil verwirkt, wie Paulus weiß: «Wir wären als Falschzeugen Gottes erfunden . . ., euer Glaube wäre nichtig, ihr wäret noch in euren Sünden» (1 Kor 15,15–17). Hätten Jesu Jünger ihre Angst nicht verloren und etwa den jüdischen Autoritäten zugestimmt, so hätten sie ebenfalls ihr und unser Heil verwirkt, da sie die einzigartige Sternstunde der Menschheit, den von fast allen mißkannten Messias zu bezeugen, versäumt und Gott der Chance beraubt hätten, ihn als seinen Sohn, den Erlöser der Welt zu offenbaren. Unausdenkbar! Angesichts des Todes Jesu waren Jesu Jünger gefragt, in die Entscheidung zwischen Glauben und Verrat der Sache Gottes gestellt: Wollten sie Gottes Urteil über den Tod Jesu verantworten, mit ihrem Leben beantworten?

Hätten die Jünger Jesu sich dieser Verantwortung «teilweise» entzogen und – um ein Lernmodell für uns zu konstruieren – etwa Jesus vorsichtig rehabilitieren wollen: Er sei doch ein großer Prophet gewesen und vom halsstarrigen Israel umgebracht worden wie mancher Prophet vor ihm, – so hätten sie, da sie Jesu ganzen Anspruch verschwiegen, es vielleicht in einiger Zeit so weit gebracht, daß für Jesus ein schönes Grabmal gebaut, daß er auf die Stufe der Propheten gesetzt worden wäre, vielleicht gar auf die höchste Stufe. Daß die Jünger Jesu ganzen Anspruch, mehr als nur ein Prophet zu sein, an Ostern gegen den Augenschein des Karfreitags vertraten und zu behaupten wagten, Gott habe den gekreuzigten Messias sich an seine rechte Seite gesetzt und zum Richter über alle Welt eingesetzt, Jesus sei nicht nur unschuldig gewesen, sondern die Verkörperung des unsichtbaren Gottes(willens), in der Auswirkung seines Todes kulminiere die Vollendung der Welt – daß sie dafür als Zeugen einstanden, dies ist der «von außen» unbegreifliche Vorgang ihrer Umkehr zwischen Karfreitag und Ostern.

Und genau dies ist mit christlichem Glauben, mit Umkehr gemeint: Übernahme dieser Deutung Jesu und seiner Geschichte als der Vollendung der Heilsgeschichte mit der gesamten, ungeteilten eigenen Existenz in der Gemeinde des Messias Jesus, des Herrn: Damit die durch ihn geschehene Erlösung sichtbar in der Welt bleibt und geschichtsmächtig wird. Denn die «Welt» sieht sonst ja nichts von dem österlich Erhöhten und erfährt nicht von seinem «Recht», sondern läuft in ihr Unheil, wenn sie nicht weiß und anerkennt, daß

Jesus die Er-Lösung gebracht hat; nur deren In-karnation in der Gemeinschaft der Umgekehrten und Glaubenden gibt der Welt eine Chance – und Gott die ihm gebührende Ehre.

Mit der Kurzformel «*Nur* in der *Gemeinschaft der Umgekehrten*» ist freilich nicht gemeint, es gäbe auf der einen Seite eine heile Gemeinde der Geretteten und auf der anderen Seite draußen die böse Welt. Solcher Dualismus entspräche gar nicht der von Jesus ermöglichten und geforderten Umkehr. Im Gegenteil: Nur wenn die Kirche als die Gemeinschaft der Umgekehrten und Umkeh-renden «Salz» und «Sauerteig» in der Welt ist und sich «würzend» und «durchsäuernd» in die weltli-chen Bereiche einläßt, sie verwandelnd und hei-lend, darf sie selbst sich den Osterglauben zurech-nen. Überdies: Wenn die Christen selbst nicht für wahr halten wollen, daß sie Gemeinde als alle weltlichen Bereiche integrierende Lebensgemein-schaft sein können und sollen, wenn sie ihre Angst voreinander und vor der sogenannten «Welt» nicht verlieren, glauben sie vielleicht gar nicht an «Ostern». Dann fehlt allerdings der Welt auch das orientierende «Licht», es wird ihr gleichsam das Feuer vorenthalten, an dem sie sich wärmen, durch das sie vor dem Kältetod bewahrt werden könnte – jenes Feuer, das genährt wird durch das Zusammen vieler Scheite. Bloß verstreute Einzel-christen entsprechen weder dem Osterglauben, noch sind sie ein Zeugnis für das Wunder des Handelns Gottes, der Leben aus dem Tod erweckt, aus Schwachen *ein* Starkes fügt. Die «Einzelkämpfer» (wie sich viele Christen verstehen möchten) sind eher ein Beweis für die moralische Kraft des Menschen, so daß – zugespitzt gesagt – die Notwendigkeit von «Ostern» entfiele, die Kirche überflüssig wäre.

Zwischen Karfreitag und Ostern geht es um die Ehre Gottes und das Heil der Welt. Jede Antwort auf die Frage: «Was ist christliche Umkehr, was ist christlicher Glaube?» ist an das Urparadigma des Weges der ersten Jünger verwiesen. Wer nicht – freilich auf seine Weise – mit ihnen und Paulus, der wie wir den irdischen Jesus nicht gekannt hat, sagen kann: «Auch ich habe den Herrn gesehen» oder ihm im Mitglauben mit den apostolischen Zeugen zu einem Zeugen wird, der ihm Recht schafft, der ist mit dem Kern des christlichen Glaubens noch nicht in Berührung gekommen, der hat nur einen oberflächlichen Teil des Christentums kennen- und liebengelernt – oder reibt sich an ihm und zweifelt.

Tod war für die Jünger Jesu in biblischer Tradition und ist auch für unsere Zeitgenossen nicht nur die Grenze, die Befristung unseres Lebens, unserer Lebenszeit, sondern die Beeinträchtigung des Lebens in vielfältiger Form. Viele stellen heute wieder die alten biblischen Fragen: Haben die Armen, die Kranken, die Leidenden, die Gefangenen, die Ausgebeuteten, die Angstvollen, die

Freudelosen, die am Sinn Verzweifelnden eigentlich ein Leben vor dem Tod gehabt? Ist die Bedrohung durch Atombomben, durch Wirtschaftskrisen, durch ökologische Katastrophen, durch Krebs usw. ebenso wie die Aushöhlung umfassenden Sinns nicht auch schon Tod? Sind wir nicht tot, wenn wir uns dem bloßen Zufall verdanken, wenn mit dem Tod des Planeten alles aus sein wird, wenn wir im Weltall allein sind ohne Gott, bloß kompliziertere Tiere mit Einbildungen? Meint die Bibel nicht alle *diese* Gestalten des Todes? Ist der biologische Tod für sie der letzte Feind? Oder kennt sie ihn als Endgültigmachung und Vollendung, wenn seine destruktive Macht entmachtet ist? Müßten die Christen die Frage des Apostels Paulus nicht übersetzen lernen: Krieg, wo ist dein Stachel? Ausbeutung, Egoismus, Schuld, Ohnmacht zur Gemeinschaft, wo ist euer Sieg?

Weil der Weg der Jünger Jesu zwischen Karfreitag und Ostern auch unser Weg ist, der Weg der Umkehr, können und müssen wir ihren und unseren Weg im damaligen und heutigen Kontext reflektieren, im Gespräch mit ihnen, ihren und unseren Zeitgenossen.

I. Der Karfreitag oder die Frage nach dem «Sinn»

Der Schweizer Schriftsteller und Literaturprofessor Adolf Muschg hat vor einigen Jahren das Manuskript eines zweiunddreißigjährig an Krebs gestorbenen Autors veröffentlicht, der, selbst vom Tod gezeichnet, angesichts seines ungelebten Lebens über unsere Gesellschaft schonungslos das Todesurteil ausspricht. «Fritz Zorn» – so lautet das Pseudonym des Autors – erklärt in diesem Buch mit dem Titel «Mars» nicht nur der bürgerlichen Gesellschaft, auch der sie tragenden Religion, dem Christentum, den Krieg – und folgerichtig auch dem «Gott, der diese Gesellschaft gedeihen ließ» (A. Muschg). Fritz Zorn kommt in seinem Bericht zu der Einsicht, das erste Ziel der Menschen sei *das Glück*. «Das zweite Ziel des menschlichen Lebens aber», so schreibt er, «scheint mir *der Sinn* zu sein. Wenn man schon nicht glücklich sein kann, so möchte man wenigstens, daß das Leben, auch das unglückliche Leben, sinnvoll sei.»

Fritz Zorn nimmt diesen Wunsch kritisch, sarkastisch, ja blasphemisch ins Visier: «Mit dem Begriff des Sinns wird meiner Ansicht nach aber viel Unfug getrieben. Ich meine hier vor allem die allgemein beliebte Tendenz, alles um jeden Preis sinnvoll zu finden.

Ein Hauptsünder bei der Pervertierung des Begriffs ‹Sinn› ist sicher die christliche Religion, die uns lehrt, daß kein Spatz vom Dach fällt, ohne daß es der Wille des Konstrukteurs dieses Vogels gewesen sei. Das christliche Dogma lehrt: Bleibt der Spatz oben, so ist das gottgewollt und sinnvoll; fällt der Spatz herunter, so ist das auch gottgewollt und sinnvoll – bloß verstehen wir diesen Sinn nicht. Wenn der Vogel also oben bleibt, so hat das einen Sinn, den wir *verstehen* können; wenn der Vogel aber nicht oben bleibt, so hat das einen Sinn, den wir *nicht* verstehen können. Ergo ist *alles* sinnvoll.

In dieser Beweisführung liegt ein Widerspruch, der mich mehr anekelt, als daß ich es tatenlos ertragen könnte. In einem solchen Augenblick müßte man Gott, der diesen Spatz geschaffen hat, geradezu erfinden (denn meinem persönlichen Glauben nach gibt es ihn nicht), bloß um ihm eins in die Fresse zu hauen.»

Fritz Zorn, vom Krebs gezeichnet und gequält, hält ein Plädoyer für die Sinnlosigkeit: «Meiner Überzeugung nach existiert der Sinn. Die notwendige Konsequenz davon ist, daß auch der Unsinn existiert. Es *kann* nicht alles sinnvoll sein; gewisse Dinge *müssen* sinnlos sein. Auch vom Leben eines Menschen kann man nicht um jeden Preis behaupten, daß es sinnvoll gewesen sei. Die Sinnlosigkeit kommt eben vor, und selbst wenn man sich die Frage nach dem Sinn des Lebens im Augenblick des Todes stellt . . .»

Ich habe diesen Text eines zeitgenössischen

Anti-Ijob (wie er sich selbst versteht) nicht zitiert, um den Leser zu schockieren. Ich habe ihn hier angeführt, um mir selbst die Sache, über den Weg der Jünger Jesu «von Karfreitag nach Ostern» nachzudenken, nicht zu leicht zu machen. Daß Christen gerne mit der Denkfigur «eines Sinnes, den *wir nicht* verstehen», operieren, hat Fritz Zorn nicht erfunden, sondern, wie er meinte, als eine gesellschaftliche Ursache seines Krebs erfahren. Kann man vom Leben eines Menschen um jeden Preis behaupten, daß es sinnvoll gewesen sei? Kommt Sinnlosigkeit nicht vor?

Wie war das mit Jesus von Nazaret, als er am Karfreitag, am 7. April des Jahres 30 unserer Zeitrechnung, vor der Stadtmauer Jerusalems am Hochkreuz hing, umgeben von Spöttern, gerahmt von zwei mit ihm gekreuzigten Verbrechern, und kurz vor seinem Tod, dem qual- und schmachvollsten Tod, den die antike Welt kannte, mit lauter Stimme schrie: «Mein Gott, mein Gott, warum hast du mich verlassen?» Konnten seine Jünger – um jeden Preis – behaupten, dieser Tod, ja das ganze Leben ihres Meisters sei sinnvoll gewesen? In einer Beweisführung, die Fritz Zorn nicht angeekelt hätte? Hätten wir Fritz Zorn nach seinem Urteil fragen können, hätte er, so vermute ich, ausführen können, Jesu Jünger hätten ja gerade von ihrem Meister gelernt, daß *alles* sinnvoll sei, auch wenn man es nicht verstehen könne. Hatte nicht Jesus gelehrt: «Kann man nicht zwei Spatzen für einen Pfennig kaufen? Und nicht einer von ihnen fällt auf die Erde ohne euren Vater. So ist es auch bei euch: Selbst die Haare auf eurem Haupt sind alle gezählt» (Mt 10,29f)? Bedurfte es da nicht eines einfachen Rückschlusses auf Jesus selbst? Fritz Zorn hätte vermutlich geäußert, die Jünger Jesu hätten eben zu den vielen Ijoben gehört, die es nicht wagten, gegen Gott zu rebellieren, ihm zu fluchen. Fritz Zorn urteilte: «Hiobs Reaktion ist nicht nur feige, sie ist auch dumm. Wie so manches Verwerfliche hat auch Hiob und seine Art Schule gemacht: es wimmelt ... von solchen Hioben. Überall trifft man sie an.»

Ob die Leser dieses Urteil unseres Zeitgenossen teilen wollen? Ich erwarte es nicht; aber sie werden es, so denke ich, respektieren angesichts der Tatsache, daß Fritz Zorn das Christentum für seinen Krebs mitverantwortlich gemacht hat, und dies in einer Beweisführung, die in mancherlei Hinsicht stichhaltig ist. Sie werden einverstanden sein, daß wir nicht daran vorbeikommen, die Beweisführung der Jünger Jesu für den Sinn des Todes Jesu dahingehend zu prüfen, ob diese Jünger Sinn um jeden Preis – auch den Preis des Ekels anderer Menschen – behaupteten, etwa weil für sie in einem Vorsehungsglauben eben *alles* sinnvoll war.

Wie war das mit Jesu Jüngern «zwischen Karfreitag und Ostern»?

II. Von der Feigheit der Jünger Jesu

Zunächst haben wir Fritz Zorn einzugestehen, daß Jesu Jünger tatsächlich feige waren, so feige, wie Menschen in der Regel angesichts des Todes sind, solange sie von «Mars» nicht in den ekstatischen Rausch des Krieges versetzt sind. Im Garten Getsemani waren die Jünger angesichts der Verhaftung Jesu allesamt geflohen; nur Simon Petrus, den erst die späten Evangelisten Lukas und Johannes zum Verteidiger Jesu mit dem Schwert gemacht haben – im frühen Bericht des Markus ist «einer der Dabeistehenden», der dem Knecht des Hohenpriesters das Ohr abschlägt, ein Unglücksrabe aus dem Verhaftungstrupp, der im Handgemenge im Dunkel der Nacht unbesonnen agierte –, nur Petrus folgte dem Verhaftungstrupp noch von ferne; er konnte sich im Hof des hohepriesterlichen Palastes zunächst unerkannt unter die Bediensteten der Ratsherren mischen, die im Palast gegen Jesus verhandelten. Petrus bewies anfangs den Mut, den er Jesus versprochen hatte, als er beteuerte, er sei bereit, mit ihm ins Gefängnis zu gehen, mit ihm zu sterben. Jedoch, wiederholt verdächtigt, er gehöre zur nächsten Umgebung Jesu, zu dieser aufrührerischen Clique von Galiläern, leugnete Petrus feige, Jesus überhaupt zu kennen; auch er zog sich in ein Versteck zurück. Nur einige Frauen, Anhängerinnen Jesu, werden Zeugen der Kreuzigung; der alte Bericht sagt: «Sie schauten von weitem zu» (Mk 15,40); so entspricht es dem Verhalten von Frauen in einer von «Mars» und den Männern regierten grausamen Welt. Die Jünger warteten unterdessen bei verschlossenen Türen «aus Furcht vor den Juden» (Joh 20,19).

Jesu Jünger waren feige! Die Seesturmerzählung (Mk 4,35–41 parr) redet davon, daß sie auch schon früher feige waren, als sie in Todesgefahr gerieten. Jesus tadelt sie wegen ihres mangelnden Glaubens, ihres Kleinglaubens wegen. Die biblische Überlieferung weiß um die Feigheit des Menschen, seiner Furcht vor dem Tod. In Israels Kriegsordnung war darauf schon Rücksicht genommen worden; nach Dtn 20,8 sollten die Anführer zum Heervolk sagen: «Ist unter euch einer, der sich fürchtet und feige ist? Er trete weg und kehre nach Hause zurück, damit nicht auch noch seinen Brüdern der Mut genommen wird!» Feigheit ist ansteckend wie eine Krankheit. Vor dem Kampf gegen die Midianiter ließ, wie Ri 7,3 erzählt, Gideon im Heer ausrufen: «Wer sich fürchtet und feige ist, soll umkehren! Gideon musterte das Heer, und daraufhin kehrten zweiundzwanzigtausend Mann um, und zehntausend blieben bei ihm.» Jesus Sirach 37,11 riet, man solle sich mit einem Feigen nicht über den Krieg beraten. Israels Weisheit brachte «Feigheit» mit Torheit und Unvernunft in Verbindung: «Holzgebälk, eingelassen ins Mauerwerk, löst sich bei keiner Erschütterung: So ist ein Herz, gestützt auf überlegten Rat; zu keiner Zeit verzagt es. Ein Herz, das gefestigt ist in kluger Überlegung ist wie Sandverputz an glatter Mauer. Steinchen aber, die obenauf liegen, halten dem Wind nicht stand: So ist ein feiges Herz mit törichter Gesinnung: Vor keinem Schrecken hält es stand» (Sir 22,16–18). Im Buch der Weisheit wird Feigheit, Furcht, Angst «als der Verzicht auf die von der Vernunft angebotene Hilfe» ausgelegt (17,11).

Es dürfte kein Zufall sein, daß die Passionsgeschichte wiederholt vom Unverständnis der Jünger für den Weg Jesu spricht. Wir kommen darauf zurück. Auch Fritz Zorn bringt Feigheit und Dummheit zusammen. Freilich könnten wir darauf hinweisen, daß Jesu Jünger den Mut hatten, von ihrer eigenen Feigheit zu erzählen – wie Petrus von der Verleugnung seines Meisters. Doch dieser Hinweis führt uns bereits über den Karfreitag hinweg in die Zeit nach Ostern. Halten wir zunächst einmal schlicht fest: Jesu Jünger waren feige.

Nun könnte eingewandt werden, es hätte doch nichts genützt, wenn Jesu Jünger mit Jesus in den Tod gegangen wären. Doch unterstellt dieser Einwand, die jüdische Behörde hätte Interesse daran gehabt, auch ihnen den Prozeß zu machen; und übersehen ist dabei, daß die Jünger Jesu im Prozeß gegen Jesus – der, soweit noch erkennbar, ordentlich geführt wurde – zumindest als Entlastungszeugen hätten dienen können.

Jesu Jünger waren feige! Aber waren sie auch

feige in dem Sinn, daß sie nicht wagten, gegen Gott zu rebellieren, Gott zu fluchen?

Fritz Zorn hätte ihnen vermutlich nicht verübelt, daß sie diejenigen fürchteten, die sie hätten töten können, wohl aber, daß sie Gott, denjenigen fürchteten, «der die Macht hat, euch nach dem Tod in die Hölle zu stoßen», wie sie Jesus gelehrt hatte (vgl. Lk 12,4f). Jedoch, war ihre Feigheit nicht Ausdruck und Resultat mangelnder Gottesfurcht?

Zweifellos könnten wir so argumentieren. Jesus selbst hatte ja die Feigheit der Jünger im Seesturm auf mangelnden Glauben, auf Kleinglauben zurückgeführt. Und er stand auch damit in biblischer Tradition, die Feigheit, Furcht und Angst mit dem Unglauben zusammenbringt. Wer nicht ungeteilt, ganz glaubt, sondern im Zweifel geteilt, halbherzig ist, bei dem nistet sich die Angst ein. Wer sich an die falschen Götter hält, so diagnostiziert ebenfalls das Buch der Weisheit, wird «durch Trugbilder aufgeschreckt und auseinandergejagt» (17,3), wird «bald durch Schreckgespenster aufgeschreckt, bald durch Mutlosigkeit gelähmt» (17,14). Da die Jünger in der Nacht der Verhaftung Jesu flohen und Petrus den Meister im Hof des hohepriesterlichen Palastes vor Mägden und Dienern verleugnete, reagierten sie aus Angst, die mangelndem Glauben, mangelnder Gottesfurcht entspringt. Mit einer solchen Analyse haben wir freilich Jesu Jünger nicht entschuldigt, sondern beschuldigt. Jedoch, der Vorwurf, den Fritz Zorn erhoben hatte, ist damit noch nicht getroffen. Sein Vorwurf trifft die Jünger gerade dort, wo wir von ihrer mutigen Umkehr sprechen möchten: angesichts des gekreuzigten Meisters. Fritz Zorn redet nicht von der Feigheit des Gründonnerstags, sondern von der Feigheit des Karfreitags und des Ostertags. War der Weg der Jünger von Karfreitag bis Ostern ein Weg der Feigheit?

Hüten wir uns davor, Jesu Jünger zu rasch, mit einem theologischen Trick zu rechtfertigen, und besinnen wir uns darauf, daß unsere Reflexionen über den Weg der Jünger Jesu zugleich Reflexionen unseres eigenen Weges sind. Wir greifen gerne zu raschen Antworten, wenn wir uns selbst rechtfertigen wollen. Halten wir also die lästige Frage Fritz Zorns nach der Feigheit der Jünger noch aus! Waren sie feige, weil sie nicht wagten, Gott zu fluchen angesichts des gekreuzigten Jesus, auf den sie alle ihre Hoffnungen gesetzt hatten? Waren sie feige, weil sie die Sinnlosigkeit dieses Todes nicht anerkannten, nicht aussprachen? Waren sie dumm, weil sie vor der Sinnlosigkeit ihres eigenen Lebens – nachdem sie alles auf die Karte Jesu gesetzt hatten – die Augen verschlossen hinter den verschlossenen Türen?

Feigheit und Dummheit, so haben wir schon angedeutet, gehören nicht nur für Fritz Zorn, sondern auch für die biblische Tradition zusammen: das feige Herz mit der törichten Gesinnung. Dem Tor, dem Dummen, dem die Tugend der Klugheit fehlt, verzerrt sich die Wirklichkeit; er wird zum «Gefangenen der Finsternis» (Weish 17,2), weil das Licht der Vernunft ihm nicht mehr leuchtet. Feigheit, so weiß es auch die große philosophische Tradition, widerstreitet nicht nur der Tapferkeit, dem Mut, sondern zuerst der Klugheit. Die dumme Feigheit verschließt ihre Augen vor der Wirklichkeit, ebenso freilich die düstere Entschlossenheit; auch sie wäre feige und dumm zu nennen. Haben sich Jesu Jünger in düsterer Entschlossenheit über den Karfreitag hinübergerettet? Und ist ihre Feigheit in Verschlagenheit umgeschlagen, die zuletzt ihr kleinmütiges Wesen doch nicht verbergen kann? Haben sich die Jünger Jesu, die geflohen waren und sich feige versteckt hielten, nach der Kreuzigung Jesu aus ihrer scheinbar ausweglosen Lage verschlagen herausmanövriert? Haben ihre Feigheit und Dummheit sie zu dreisten Taktiken getrieben? Der Tor ist ja je nach Lage der Dinge, nach der Beurteilung von Vor- oder Nachteil, wie er sie zu sehen meint, feige oder dreist! Warum gaben die Jünger nicht zu, daß sie in der Nachfolge Jesu, der jetzt am Kreuz hing, auf die falsche Karte gesetzt hatten? Warum wurden sie jetzt nicht klug? Weil sie feige waren? Und warum blieben sie feige, die Sinnlosigkeit des Todes Jesu und damit ihres Lebens in seiner Nachfolge einzugestehen? Weil sie dumm waren?

Wollen wir Jesu Jünger rechtfertigen, so sollten wir diese Fragen nicht zu rasch beantworten, sondern ihren Weg genauer reflektieren und überlegen, welche Reaktionsmöglichkeiten ihnen nach Jesu Hinrichtung überhaupt offenstanden. Ich sehe drei grundsätzliche Möglichkeiten, die etwas ausführlicher vorgestellt und erwogen werden sollten. Die Beschreibung dieser Möglichkeiten beansprucht nicht, tatsächliche Überlegungen der Jünger ans Licht zu heben, die etwa in den Quellen der Überlieferung verborgen greifbar wären. Sie ermöglicht jedoch, ihre faktische Situation genauer zu erfassen und dann ihren Weg von Karfreitag nach Ostern sachgemäßer zu verstehen – und möglicherweise nachzugehen.

III. Die Jünger hätten Jesus verfluchen können …

Die erste Reaktionsmöglichkeit der Jünger Jesu auf dessen Kreuzigung wäre gewesen, im nachhinein Jesu Gegnern recht zu geben, die ihn längst als Falschpropheten, als Volksverführer, als Besessenen denunziert hatten. Für die Jerusalemer Obrigkeit war die Kreuzigung Jesu, für die sie sich der Kollaboration der Römer bedient hatte, die bestmögliche Weise, sich des lästigen Anspruchs, der störenden Person des galiläischen Propheten zu entledigen. Jesus war – aus welchen genaueren Motiven auch gegen ihn agiert worden war – von der obersten jüdischen religiösen Behörde aufgrund von Gotteslästerung für des Todes schuldig befunden und von der zuständigen politischen Instanz, dem römischen Prokurator Pontius Pilatus, als Hochverräter, als politischer Rebell, ans Kreuz ausgeliefert worden. Im Namen Gottes und des Kaisers verurteilt, starb er unter dem Schuld- und Spottitel «König der Juden» den schmählichen Verbrechertod[1].

[1] Fritz Zorn hat sich die Szene mit M. A. Bulgakow ausgemalt: «Selbst in der letzten Verzweiflung kann noch etwas passieren, was einen über alle Verzweiflung hinaus noch zusätzlich quält. Ein sehr einleuchtendes Beispiel dafür hat Michael A. Bulgakow in *Der Meister und Margerita* festgehalten. Zum ersten Male habe ich in diesem Buch von der Fliegenplage gelesen, die Jesus am Kreuz gequält hat. ‹Das Haupt voll Blut und Wunden› ist tausendmal schon besungen und gemalt worden, aber an die Fliegen hat bis Bulgakow noch nie jemand gedacht. Die Fliegen sind sicher nicht das Schlimmste, weder für einen Gekreuzigten noch für einen gewöhnlichen Menschen. Wenn man schon einmal in Blut, Qual und Schmach am Kreuz hängt und in der südlichen Hitze noch von einem Fliegenschwarm umringt wird, so kann man nur sagen: Das kommt dann noch dazu. Vielleicht wurden die Fliegen von einem bestimmten Augenblick an sogar das Wichtigste. Ich kann mir vorstellen, daß das letzte, was solch ein Gekreuzigter fühlt, nachdem der Schmerz und die Erschöpfung schon längst zu einer allgemeinen und undifferenzierten Qual geworden sind, kurz bevor ihm das Bewußtsein erlischt, die Empfindung eines lästigen und schwarzen Fliegenschwarmes sein könnte.»
Es ist nicht zufällig, daß Fritz Zorn an Bulgakow erinnert; bei ihm heißt es: «Feigheit ist die schrecklichste Sünde!» Mit diesem Zitat widmete mir vor Jahren ein Mann

An den Maßstäben der *Tora*, des Gesetzes Israels, und des in ihm bekundeten Willens Gottes gemessen, war über den Gekreuzigten der Fluch Gottes ausgesprochen: «Ein Gehenkter ist ein von Gott Verfluchter» (Dtn 21,23). Die jüdische Obrigkeit erwartete, daß sich die Israeliten dieses Urteil zu eigen machten und von Jesus von Nazaret, «diesem Betrüger» (Mt 27,63), distanzierten. In den Synagogen wurde später von Sympathisanten der christlichen Bewegung, die den Gekreuzigten als Messias verkündigt, verlangt, daß sie nachsprächen: «Verflucht ist Jesus» (1 Kor 12,3), wollten sie nicht dem Synagogenbann verfallen.

Dem Kreuz einen Sinn abzugewinnen galt den Zeitgenossen, wie Paulus 1 Kor 1,18 bezeugt, als eine «Torheit», eine Dummheit. Einen Gekreuzigten als Messias zu verkündigen sei «für die Juden ein Skandal, für die Heiden Torheit» (1,23). Im zweiten Jahrhundert schrieb der Apologet Justin, daß die Botschaft der Jünger Jesu der antiken Welt als Verrücktheit, als Manie gelte: «Denn darin, erklären sie, bestehe unsere Verrücktheit, daß wir den zweiten Rang nach dem unwandelbaren und ewigen Gott, dem Weltschöpfer, einen ge-

Bulgakows Werk, der von sich selbst schrieb: «... Verdammt in alle Ewigkeit. – Was hilft alles Jammern? Es sind schon viele, gute Menschen als junge Kerle draußen geblieben. Ich will bald zu ihnen kommen» (1. 5. 75). Er blieb noch drei Jahre «feige», nachdem er spüren konnte, es sei *nicht* «nur vergeudete Zeit, wenn Sie sich noch weiterhin mit mir befassen» (3. 6. 75).

kreuzigten Menschen zusprechen» (Apol I, 13,4).
Der jüngere Plinius, kaiserlicher Statthalter in
Kleinasien, konnte zu Beginn des zweiten Jahrhunderts in seinen gerichtlichen Untersuchungen
gegen Christen «nichts als einen wüsten, maßlo-
sen Aberglauben» (Ep 10,96,4) entdecken. Sein
Freund, der Historiker Tacitus, sprach von einem
«verderblichen Aberglauben»; und Sueton, ein
weiterer römischer Historiker, nannte die Botschaft der Jünger Jesu einen «neuen und schädli-
chen Aberglauben» (Nero 16,3). Die Kreuzigung
galt der antiken Welt als die schändlichste Todes-
strafe; Lukian von Samosata spöttelte, der Buch-
stabe «T», der das Kreuz nachbilde, gehöre gekreuzigt; er habe durch jenes «üble Werkzeug»,
das die Tyrannen nach seinem Zeichen errichte-
ten, um daran «Menschen aufzuhängen», eine
«üble Bedeutung» (Iud. voc. 12). Mit dem Kreu-
zestod hatten nach antiker Auffassung nur Ver-
brecher zu rechnen: Mörder, Räuber, Unheilstif-
ter und Betrüger: «Mit (Glieder-)Verrenkung be-
straft, sehen sie als ihr Schicksal den Pfahl, unter
bittersten Qualen festgeheftet (und) angenagelt,
übler Fraß für Raubvögel, schlimme Beute der
Hunde» (Manetho, Apotel 4,198 ff). «Kreuz»
setzte sich sogar als Schimpfwort (wie etwa «Gal-
genvogel») durch. Für die Juden gehörte das
Kreuz zwar zu den schlimmen Heimsuchungen
des Abschreckungsterrors der römischen Besat-
zungsmacht, im Fall Jesu hatte aber die oberste jü-

dische Behörde, die auch oberste Religionsbehörde war, vom Statthalter des Kaisers die Kreuzigung des für des Todes schuldig befundenen Galiläers verlangt. Die Kreuzigung Jesu konnte für seine Jünger keine erbauliche Sache sein, sie war ein Skandal – ein anstößiger Sachverhalt. Wer von der jüdischen Behörde durch den römischen Präfekten ans Kreuz gebracht worden war, galt in den Augen der Öffentlichkeit als mit Recht geschändet, als vom Gesetz und damit von Gott selbst «verflucht». Die Jünger Jesu *hätten* – so ihre erste Reaktions*möglichkeit* – in diesen Fluch einstimmen können.

Die Jünger Jesu hätten, enttäuscht oder feige, Jesus verfluchen, seine Sendung für gescheitert erklären und in «ihr früheres Leben» (Joh 6,66) zurückkehren können. Sie hätten unter die Autorität der Toralehrer, denen gegenüber Jesus eigene Autorität, die Vollmacht des gottunmittelbaren letzten Boten Gottes beansprucht hatte, zurückkehren können, in den Schoß der «alten Gesellschaft», aus der sie Jesus in die Nachfolge herausgerufen hatte. Jesu Leben, ihr Leben in der Nähe Jesu, wäre eine Episode geblieben, wie es in der Geschichte des jüdischen Volkes manche Episoden messianischer Aufrüher und ihrer Anhänger gab. Die Jünger hätten sich ihr «altes Leben» wieder zurechtflicken können, dessen Gehäuse durch den Einbruch der Botschaft und den Eindruck der Person Jesu aufgebrochen worden war. Hätte es dazu besonderen Mutes bedurft, besonderer Feigheit?

Kurz: Die erste Reaktionsmöglichkeit, die den Jüngern Jesu angesichts der Kreuzigung ihres Meisters offenstand, wäre gewesen: Jesus zu fluchen, den Fluch des Gesetzes über den gehenkten Jesus nachzusprechen.

IV. Die Jünger hätten Gott fluchen können ...

Die zweite Reaktionsmöglichkeit der Jünger Jesu auf dessen Hinrichtung wäre gewesen, weder im nachhinein Jesu Gegnern recht zu geben noch am Recht Jesu festzuhalten. Die Jünger hätten Leben und Tod Jesu für sinnlos, als Betrug an ihrem eigenen Leben ansehen können, aber auch ihr früheres Leben im jüdischen Glauben, wohin ihnen der Rückzug versperrt geblieben wäre. Weder die Autorität der Tora noch die Autorität Jesu hätte sie fernerhin binden können; sie wären – um es modern auszudrücken – «Atheisten» geworden, für welche die Rede von Gott sinnlos geworden wäre. Sie hätten nicht nur an Jesus, der so kläglich am Kreuz scheiterte, sondern auch an Gott selbst, dessen Fluch über Jesus ausgesprochen schien, irre werden können[2].

---

[2] Fritz Zorn beschreibt den Vorgang, wie er irre wurde, u. a. so: «Die religiöse Erziehung, die ich erfahren habe, kann

Judas verkörpert vielleicht die verzweifelte Variante dieser Reaktionsmöglichkeit; die trotzig-mutige Reaktion hätte in gesellschaftliches Außenseitertum, destruktiven Nonkonformismus führen können. Jesu Leben und Tod wären nicht nur Episode geblieben, sondern Herausforderung, die ihre Spuren hinterließ, aus der Bahn bisherigen Lebens geschleudert hätte – in den Protest.

Die zweite Reaktions*möglichkeit*, die wir für Jesu Jünger angesichts der Kreuzigung des Meisters erwägen, ist die Reaktion, die Satan, der himmlische Staatsanwalt und Versucher der Menschen, im Buch Ijob von Ijob erwartet: «Streck nur einmal deine Hand gegen ihn aus, und rühr an all das, was sein ist; wahrhaftig, er wird dir ins Angesicht fluchen» (1,11), und: «Alles, was der Mensch besitzt, gibt er hin für sein Leben. Doch

wohl ihresgleichen nicht finden. Meine Eltern waren zutiefst areligiös. Aber lieber hätten sie sich die Zunge abgebissen, als das zu gestehen. Sie selbst waren durchaus nicht für die christliche Religion, aber die christliche Religion galt bei uns zu Hause als etwas durchaus Gutes. Ich meine damit, daß wir bei uns zu Hause alle wußten, daß niemand christlich fühlte, daß aber kein Zweifel an der christlichen Kirche und ihren Institutionen geduldet werden konnte. Oder um dasselbe als einen etwas fragwürdigen kategorischen Imperativ zu verwandeln: wir hatten dagegen zu sein, mußten es aber trotzdem gut finden. In meinem Elternhaus habe ich die Bekanntschaft Gottes und seines eigenartigen Sohnes (eigentlich eher Stiefsohnes) Jesu nicht gemacht; diese beiden unwürdigen Gestalten wurden mir erst in der Schule vorgeführt.»

streck einmal deine Hand aus, und rühr an sein Gebein und Fleisch; wahrhaftig, er wird dir ins Angesicht fluchen» (2,4f). In einer Nacherzählung der Ijobsgeschichte im hellenistischen Judentum zur Zeit Jesu, im «Testament des Ijob», fordert selbst Ijobs Frau Sitidos ihren Mann zum Fluch gegen Gott auf: «Sprich ein Wort dem Herrn zum Trotz und stirb» (25,10). Eine moderne Variante dieser Reaktionsmöglichkeit hat in antikem Gewand Goethe in seinem «Prometheus» vorgestellt:

«Ich dich ehren? Wofür?
Hast du die Schmerzen gelindert
Je des Beladenen?
Hast du die Tränen gestillet
Je des Geängsteten?»

Kurz: Die zweite Reaktionsmöglichkeit, die den Jüngern Jesu angesichts der Kreuzigung ihres Meisters offenstand, wäre gewesen, nicht (nur) Jesus zu verfluchen, sondern (auch) Gott zu fluchen.

V. Die Jünger hätten «Jesu Sache» (unverständig) weiterführen können ...

Die dritte Reaktionsmöglichkeit der Jünger Jesu auf dessen Hinrichtung wäre gewesen, gleichsam «auf eigene Faust» die «Sache Jesu» weiterzuführen, wie auch immer. Sie hätten proklamieren können: «Die Sache Jesu geht weiter» – auch nach dem Tod Jesu. In diesem Fall hätten die Jünger dem Tod Jesu um jeden Preis einen Sinn abgewinnen müssen. Sie hätten in diesem Fall nicht einmal Jesu Gegner verfluchen müssen, sofern Jesu Gebot der Feindesliebe zur «Sache Jesu» gehörte, der sie sich nun bemächtigt hätten.

Es hat nicht an Versuchen gefehlt, die tatsächliche Reaktion der Jünger Jesu nach dem Karfreitag in dieser Weise zu begreifen. Einer der jüngsten Versuche bedient sich der sozialpsychologischen «Dissonanz-Theorie», wonach die enttäuschten Anhänger einer religiösen Führergestalt die *Dissonanz* zwischen ihrer Erwartung und den enttäuschenden Tatsachen durch um so intensiveres «Weitermachen» überwinden. Um den Weg der Jünger Jesu zu illustrieren, hat man auf religionsgeschichtliche Parallelen aus den verschiedensten Epochen der Geschichte hingewiesen. Den Qumran-Essenern galt die Verzögerung des nahe erwarteten Weltendes, das ihnen der Lehrer der Gerechtigkeit angekündigt hatte, nicht als Widerlegung des Lehrers, sondern als besonderes, sie bestärkendes göttliches Geheimnis; im Habakuk-Kommentar von Qumran (VIII, 5 – 13) heißt es: «Das Eintreffen der Vision dauert noch eine Weile. Es keucht dem Ende zu und trügt nicht (Hab 2,3 a): Die Deutung ist die, daß sich das allerletzte Ende hinauszieht und länger braucht, als die Propheten vorhergesagt hatten, denn die Geheimnisse Gottes sind wunderbar. Wenn es sich verzögert, warte auf es, denn es wird ganz bestimmt kommen und sich nicht (auf Dauer) verzögern (Hab 2, 36): Die Deutung bezieht sich auf die Männer der Wahrheit, die nach der Tora leben, deren Hände im Dienst der Wahrheit auch dann nicht schwach werden, wenn sich das allerletzte Ende über sie hinaus verzögert, denn alle Endzeiten Gottes werden ihrer Ordnung nach kommen, so wie Gott es für sie in den Geheimnissen seiner Wahrheit festgelegt hat.»

Im 17. Jahrhundert lebte der jüdische Pseudomessias Sabbatai Zwi, der 1626 in Smyrna geboren war und dort am jüdischen Neujahrstag 1665 vom Volk lebhaft als Messias gefeiert wurde. Als Sabbatai Zwi ein Jahr später verhaftet und im Schloß Abydos auf den Dardanellen eingekerkert wurde, nahmen seine Anhänger keinen Anstoß daran, wurden im Glauben an seine Messianität nicht wankend und gaben seinem Gefängnis den Namen «Turm der Macht». Als Sabbatai Zwi 1667 in Adrianopel, um der Exekution zu entgehen, zum Islam übertrat und unter dem Namen Mehmed Effendi die Freiheit geschenkt bekam, gewannen seine Anhänger auch noch seiner Apostasie einen positiven Sinn ab: Die Messiasseele müsse eben in die tiefsten Tiefen der Gottesferne hinabsteigen, um die dort gefangenen Lichtfunken der Gottheit zu befreien.

Ein drittes Beispiel aus unseren Tagen: Die Prophetin einer kleinen Sekte in den USA prophezeite, daß an einem bestimmten Dezembertag unsere Welt in einer neuen Sintflut einer riesigen Flutwelle untergehen würde. In Lake City erwarteten ihre Anhänger ihre Rettung durch fliegende Untertassen von anderen Planeten. Das Ausbleiben der Retter wie der angedrohten Flut beantworteten sie mit ungeschmälerter, ja größerer Bereitschaft, am Glauben an die Botschaften aus der anderen Welt festzuhalten und für ihre Prophetin öffentlich zu werben.

Vor einigen Jahren hat der amerikanische Religionswissenschaftler Hugh Jackson den Weg der Jünger von Karfreitag nach Ostern in Analogie zu solchen Modellen mittels der «Dissonanz-Theorie» erklärt: Unter dem Druck der Kreuzigung Jesu hätten seine Jünger den Glauben gewonnen, daß im Fall ihres Meisters die für die Endzeit erhoffte Totenauferstehung vorgezogen worden sei und daß Jesus nun statt «von unten» das Reich Gottes «von oben» bringen werde.

Hätten die Jünger Jesu so auf den Tod des Meisters reagiert, so hätten sie ihn zu einem ‹Zwischenfall› degradiert: Nicht sie hätten sich durch Jesu Tod erlöst verstanden, sondern sie hätten gleichsam Jesu Tod in einer «Beweisführung um jeden Preis» «erlöst». Sie hätten «Jesu Sache», die von ihnen noch gar nicht ganz verstanden war, so «weitergehen lassen», daß ihr Anspruch aus der Gegenwart in die Zukunft verschoben worden wäre. Und unter dem Druck weiterer Enttäuschungen, wie sie etwa mit dem Etikett «Parusieverzögerung» vorgestellt werden, hätten sie wie andere religiöse Bewegungen zu Terminverschiebungen greifen müssen, um ihre Hoffnung zu retten. Jesu Intention, angesichts der Nähe der Gottesherrschaft, aufgrund der erkannten Güte Gottes und seines lebbaren, praktizierbaren Willens, Gottes Volk endzeitlich zu sammeln und endgültig zum Segen für alle Völker werden zu lassen, wäre mit seinem Tod gescheitert geblieben. Anders ausgedrückt: Es wäre eine jüdische Sekte, nicht die Kirche entstanden.

Kurz: Die dritte Reaktionsmöglichkeit, die den Jüngern Jesu angesichts der Kreuzigung ihres Meisters offenstand, wäre gewesen, von Jesu Tod um jeden Preis zu behaupten, daß er sinnvoll gewesen sei, auch wenn dieser Sinn nicht verstehbar wäre.

VI. Die Jünger hätten «Jesu Sache» halbherzig weiterführen können ...

Wenn wir die dritte, bereits erwogene Reaktionsmöglichkeit der Jünger noch einmal aufgreifen und durch das Wort «halbherzig» spezifizieren, so tun wir das deshalb, weil die «Dissonanz» der Kreuzigung Jesu auch übertönt werden kann durch ein Interesse an der eigenen Sache, das die

Sache Jesu verfälscht. Wenn Hugh Jackson – und vor und neben ihm mancher andere – annimmt, daß die Jünger die für die Endzeit erhoffte Totenauferstehung für Jesus als vorweg ereignet geglaubt hätten, so setzt sich eine solche Hypothese dem Verdacht aus, das Interesse der Jünger an ihrer eigenen Auferweckung habe ihren Glauben an die Auferweckung Jesu produziert. Die meisten Menschen interessieren sich ja für die Frage nach dem Schicksal angesichts des Todes, nach dem Weiterleben im Jenseits nach einer postmortalen Existenz. Und die Religionen der Menschheit machen als Antwort auf diese Frage seit den ältesten Zeiten die verschiedensten Angebote. Totenerweckung ist ein Wunsch des Menschen, der entsprechende Projektionen auslösen kann – bis hin zum modernen «Funkverkehr» mit Verstorbenen in unserer Zeit. Sollten die Jünger im Glauben an Jesu Auferweckung ihre eigene Auferstehungshoffnung abgesichert haben? Dann hätten sie die Sache Jesu nur halbherzig weitergeführt.

Jesus selbst hatte solch mögliche Halbherzigkeit schon in seiner Erzählung vom reichen Mann und vom armen Lazarus entlarvt: «Wenn sie auf Mose und die Propheten nicht hören, werden sie sich auch nicht überzeugen lassen, wenn einer von den Toten aufersteht» (Lk 16,31)! Das bedeutet: Wer sich selbst durch den Glauben an Jesu Auferstehung absichern möchte, hat sich nur halbherzig engagiert und gar nicht erfaßt, daß solcher Glaube ihn auf den «Gott Abrahams, Isaaks und Jakobs, den Gott von Lebenden» (Mk 12,26f), verweist, der durch sein Auferweckungshandeln seinen Getreuen seine Treue hält, denen, die um seiner Herrschaft willen ihr Leben aufs Spiel setzen. Hätten die Jünger an Ostern nur proklamiert, Jesus sei von den Toten auferstanden, so hätten sie von seinem Geschick und seiner Bedeutung nur *einen* Aspekt zur Sache gebracht, nicht das Ganze. Denn die volle Botschaft von Ostern lautet: Gott hat Jesus von den Toten auferweckt und zu seiner Rechten als Richter der Lebenden und der Toten erhöht. Jesus war der Messias und ist der Menschensohn und Sohn Gottes, der Weg zu Gott und zur Erlösung der Welt. Kein anderer Mensch, so viele auch von den Toten erweckt werden, hat diese absolut singuläre und universale Bedeutung. Er ist «der geliebte Sohn, auf den es zu hören gilt» (Mk 9,7).

Mit der bloßen Rede von der Auferstehung Jesu hätten die Jünger Jesus auch als einen großen Propheten, als einen Märtyrer, als einen bedeutenden Heiligen einstufen – und sich dem Anspruch seiner Person und seiner Geschichte, daß in ihm Gottes Willen ganz offenbar, der unsichtbare Gott sichtbar geworden und der Welt die Erlösung geschenkt sei, entziehen können. Sie hätten sich über den Tod Jesu durch die Aussicht auf ihre eigene Auferstehung trösten und solchen Trost anderen anbieten können. Sie hätten damit vielleicht eine neue Religion, aber nicht die Kirche gebildet. Sie wären hinter dem Glauben der drei Jünglinge, die in den Feuerofen geworfen wurden, zurückgeblieben, die ihre Treue zu Gott nicht davon abhängig machten, ob er sie retten werde (Dan 3,17f), sondern sich frei seiner freien Allmacht anvertrauten.

Die Möglichkeit, die wir erwägen und die vielleicht unbewußt von manchen Christen als die tatsächliche Reaktion der Jünger Jesu nach dem Karfreitag angesehen wird, blendet aus dem eschatologisch-universalen Ereignis und Anspruch von Ostern fast alles aus, was den ungeteilt Glaubenden mit ganzem Herzen, dem ganzen Leben und der ganzen Kraft engagiert: der Aufbau des «Leibes» des erhöhten Herrn, der Kirche in ihren Gemeinden, seit der Ausgießung des Geistes durch den Erhöhten auf alle Glaubenden; die Aufhebung des Todesstachels bis hin zur Beseitigung von Krankheit und Armut im Gottesvolk.

Solches Engagement gründet nicht – als ob darin der ganze Osterglaube bestünde – im Glauben an die Machbarkeit des Reiches Gottes und einer sünderlosen Kirche; es gründet im Vertrauen auf die Macht Gottes, der durch Menschen erlösend handeln kann, wie es sich in der Geschichte Jesu siegreich bewährt hat; es gründet auch in der Erfahrung, daß die österlich gestiftete Kirche – gemäß dem Sendungsauftrag Jesu – Kranke heilen und Tote (im Sinn der Verstorbenen *und* der Gottfernen) erwecken kann, besser: als durch Jesu Tod und Auferweckung Geheilte und Erweckte erkennen und erkennbar machen kann. Es geht also um die Gewißheit des Glaubens an den durch Jesus Christus schon gewonnenen Sieg Gottes, an die Erlösung und Vollendung der Welt durch Gott und sein Geschöpf, die Kirche – nicht durch das sich selbst herbeiführende oder von Menschen gemachte Ende.

Die «halbherzige» Lösung übersieht, daß die Beweislast für die Rede von der Auferstehung Jesu denen zufällt, die sie im Mund führen, daß sie einen Wechsel gezogen haben, den Gott zwar deckt, aber nur mit ihrem ganzen eigenen Leben.

Der Blick auf diese Möglichkeit, wie die Jünger hätten reagieren können, gibt uns schon eine Ahnung davon, wie problematisch überhaupt die Rede vom «Weiterführen der Sache Jesu» bleibt. Sie wird später noch genauer zu prüfen sein.

VII. Die Beweislast für den Sinn des Todes Jesu

Wie verhält es sich nun mit der Beweislast für den Sinn des Todes Jesu bei den drei kurz ausgeführten Reaktionsmöglichkeiten der Jünger? Hätten sie *die erstgenannte Möglichkeit* ergriffen, so wäre ihnen der Sinn des Todes Jesu durch das jüdische Gesetz vorgegeben gewesen; sie hätten in das Ketzerurteil der jüdischen religiös-politischen Behörde eingestimmt: Jesu Tod hatte Sinn als Bestrafung eines Ketzers und Verführers, dem sie auf den Leim gegangen waren. Jesus hatte den Tod «verdient». Hätten die Jünger *die zweitgenannte Möglichkeit* ergriffen, so wären Leben und Tod Jesu für sie sinnlos geblieben, sie hätten sich der Sinnlosigkeit ihres eigenen Lebens ausgesetzt.

Im ersten Fall war ihnen die Beweisführung für den Sinn durch das Gesetz und die Behörde abgenommen, *im zweiten Fall* hätte es keines Beweises bedurft, weil es keinen Sinn gab. Nur wenn die Jünger *die drittgenannte Möglichkeit* ergriffen, fiel ihnen die Beweislast für einen Sinn des Todes Jesu zu; sie hätten den Beweis führen müssen, auch wenn sie es mit dem Hinweis auf ein «Geheimnis», dessen Sinn nicht offenbar, nicht verstehbar sei, versucht hätten. «Weitermachen» war nur möglich, wenn Jesu Tod einen Sinn hatte, wenn durch seine Kreuzigung nicht alles sinnlos geworden war.

Haben Jesu Jünger tatsächlich die dritte Möglichkeit ergriffen, haben sie proklamiert: «Die Sache Jesu geht weiter», und so seinem Tod, dem Kreuz einen Sinn verliehen, abgewonnen, abgetrotzt?

Diese Ansicht wird von Gegnern und Freunden des Christentums, von Laien und Theologen vielfach vertreten – in manch unterschiedlichen Spielarten, welche die dritte Möglichkeit als grundsätzliches, typisiertes Handlungsmodell an Konkretisierungen zuläßt. Wir müssen uns also mit dieser Ansicht genauer befassen, zumal die beiden erstgenannten Möglichkeiten ja ohnehin von Jesu Jüngern nicht ergriffen wurden; mit der Erörterung der halbherzigen Lösung haben wir bereits einige Bemerkungen zu dieser Ansicht vorgebracht. Kommen wir zunächst aber noch einmal auf Fritz Zorns Kritik an einer Beweisführung «um jeden Preis» zurück. War die Beweisführung derer, die «weitermachten», nicht «feige und dumm»?

Daß das Unterfangen selbst, Jesu Sache weiterzuführen, Feigheit ausschloß, ergibt sich aus der Tatsache, daß die Gegner Jesu auch Gegner seiner Jünger blieben, sie bedrohten, sie mit Kerker straften und einige von ihnen auch mit dem Martyrium nicht schonten. Der Einsatz derer, die Gott mehr gehorchen wollten als Menschen, war ganz gefordert.

Daß Jesu Jünger nicht dumm waren, haben ihnen selbst ihre Gegner, die sie als ungebildete «Laien» verachteten, attestiert.

Doch darum geht es letztlich auch nicht. Die von Fritz Zorn angeregte Frage nach Feigheit und Dummheit erwächst nicht aus der Überlegung, was Jesu Jünger feige hätten tun können, sondern aus der Überlegung, warum sie die zweite Möglichkeit nicht ergriffen haben. War es feige und dumm, Gott nicht zu fluchen, Jesu Leben und Tod nicht für sinnlos zu halten, die schrille Dissonanz des Kreuzes nicht in Atheismus und Nihilismus aufzulösen?

Die den Jüngern Jesu zufallende Beweislast ist durch solche Fragen belastet, und diese Last kann nicht einfach abgeschüttelt werden. Wenn Jesu Jünger reagiert hätten wie die Anhänger der Prophetin der amerikanischen Sekte in unseren Tagen, wie die Sabbatianer im 17. Jahrhundert oder wie die Qumran-Frommen vor der Zeitenwende, könnte ihr Verhalten von uns dann noch gerechtfertigt, ihre Beweisführung für den Sinn des Todes Jesu von uns akzeptiert, der Verdacht, sie hätten feige und dumm gehandelt, begründet abgewiesen werden?

Es hat in den beinahe zweitausend Jahren seit dem Karfreitag und seit Ostern nicht an Kritikern des Christentums und des christlichen Glaubens gefehlt, die nachzuweisen suchten, daß der von den Jüngern Jesu für den Sinn des Todes des Meisters geführte Beweis kritischer Nachfrage nicht standhalte. Man hat versucht, die Jünger als Betrüger oder auch als Betrogene zu entlarven. Ein kurzer Blick auf solche Versuche – die freilich ihrerseits bei kritischer Durchleuchtung der Argumente der Beweisführung ihre Beweiskraft verlieren – kann unserer Urteilsbildung über die Beweislast der Jünger dienlich sein.

VIII. Waren die Jünger Jesu Betrüger?

Schon im ersten Jahrhundert mußten sich die Christen gegen den Vorwurf bzw. die Unterstellung zur Wehr setzen, Jesu Jünger seien Betrüger gewesen. Bereits im Matthäusevangelium (27,62–28,15) wird vom Evangelisten bzw. der Tradition, die er in seine Evangelienschrift aufnahm, eine Betrugshypothese zurückgewiesen. Die den «Hohenpriestern und Pharisäern» (27,62) zugeschriebene Kritik des Auferstehungsglaubens der Jünger Jesu unterstellt sogar einen zweifachen Betrug: Jesus selbst, «jener Betrüger» (27,63), soll zu seinen Lebzeiten gesagt haben: «Nach drei Tagen werde ich auferweckt»; diese Prophetie Jesu sei der erste Betrug gewesen. Der zweite, «letzte, schlimmere Betrug» (27,64) sei dann der Leichendiebstahl der Jünger gewesen, die mit dem «leeren Grab» die Erfüllung der betrügerischen Prophetie Jesu hätten beweisen wollen.

Die urchristliche Apologetik bzw. der Matthäusevangelist weisen diese Betrugshypothese durch eine Inszenierung der Grabesgeschichte (28,1–8) als Befreiungswundererzählung mit einer Bestätigung der Prophetie Jesu durch einen Engel (V. 6: «Er ist nicht hier, denn er ward auferweckt, *wie er gesagt hat*») zurück und geben den Vorwurf des Betrugs an die Hohenpriester und Ältesten zurück, welche die Soldaten bestochen hätten (Mt 28,11–15), die Jesu Grab bewacht hatten und angesichts des Engels wie tot umgefallen waren. Die zum Grab kommenden Frauen hätten das bis dahin versiegelte und bewachte Grab, von dem der Engel den Stein wegwälzte, leer gefunden; also: Jesu Jüngern konnte nur böswillig unterstellt werden, sie hätten den Leichnam Jesu gestohlen.

Auch im Johannesevangelium (20,1–18) wird eine Betrugshypothese vorausgesetzt und abgewiesen: Petrus und der Lieblingsjünger, also Jesu Jünger selbst, kommen, von Maria von Magdala gerufen, zum Grab Jesu und finden es leer; im Grab sehen sie die Leinenbinden und das Schweißtuch Jesu in sorgfältig geordnetem, nicht auf einen Leichendiebstahl bei Nacht (bei dem das Grab wohl hastig verlassen worden wäre und bei dem Leinenbinden und Schweißtuch kaum zurückgelassen worden wären) hindeutendem Zustand.

Um das Jahr 178 n. Chr. erneuerte der Philosoph Kelsos den alten Vorwurf, Jesu Jünger seien (wie Jesus selbst) Betrüger gewesen. Der umfassend gebildete und schriftstellerisch gewandte Platoniker, der auch die heidnischen Religionen scharf kritisierte, meinte: «Wie bei diesen oft genug schlechte Menschen die Ahnungslosigkeit der Leichtgläubigen ausbeuten, so geht es auch bei den Christen zu. Einige unter ihnen haben nicht einmal die Absicht, über das, was sie glauben, Rechenschaft zu geben oder zu verlangen, sondern folgen dem Grundsatz: Frage nicht, sondern glaube!» Kelsos schärft den Christen ein, daß sie die Beweislast für ihren Glauben tragen und sich nicht «auf ihre übliche Phrase: ‹Forsche nicht weiter nach› ... herausreden» dürften. Der Kirchenvater Origenes beanspruchte gegen Kelsos: «Im Christentum wird sich, wie ich ohne Übertreibung sagen darf, keine geringere Prüfung dessen, was geglaubt wird ... finden lassen (als sonstwo)». Bemerkenswert ist, daß Origenes den Beweis nicht nur historisch führte, sondern vorzüglich als aktuellen «Beweis des Geistes und der Kraft».

Die neuzeitliche Bibelkritik begann 1770–1778 mit der Publikation der sieben Fragmente des Wolfenbütteler «Ungenannten», des Hamburger Orientalisten und Deisten Hermann Samuel Reimarus (1694–1768), durch Gotthold Ephraim Lessing. Reimarus erneuerte mit Hilfe scharfsinniger Quellenkritik die alte Betrugshypothese. Nach Reimarus war Jesus ganz und gar Jude, der die Nähe des messianischen Reiches im weltlich-politischen Sinn predigte; erst als die Hoffnung darauf sich durch den Tod Jesu als trügerisch erwies, hätten die Apostel «das System von einem geistlichen leidenden Erlöser des ganzen menschlichen Geschlechtes gefasset». Dieses System hätten die Jünger erdichtet, um ihre tatsächliche «Absicht auf weltliche Hoheit und Vorteil» festhalten zu können, führt Reimarus in einer Verbindung von historischer Kritik und aktueller Kirchenkritik aus. Die Jünger hätten sich im Dienst dieser «Absicht» durch den Diebstahl des Leichnams Jesu die Möglichkeit zur Verkündigung der Auferstehung Jesu verschafft. Im fünften Fragment, «Über die Auferstehungsgeschichte», führte Reimarus detailliert die Widersprüche zwischen den Grabes- und Erscheinungserzählungen der vier Evangelien vor; eingehend kritisierte er die matthäische Apologetik und suchte seinerseits zu beweisen, was das Matthäusevangelium bestritten hatte: «Wir erkennen nun aus dem vielfältigen Widerspruche, daß die Wächter, welche Matthäus vor das Grab gestellet, keinen Stand halten wollen, und sich von einem gesunden Verstande nicht einmal gedenken lassen. Daher diese Hirngespinster, welche den Verdacht des Betruges von den Jüngern abkehren sollten, denselben vielmehr bestärken. Die Wächter verschwinden bei jedem Umstande, und es bleibt allewege möglich, und bei aller Betrachtung der Sache höchst wahrscheinlich, daß die Jünger des Nachts zum Grabe gekommen, den Körper gestohlen, und danach gesagt, Jesus sei auferstanden.»

Im Grunde bediente sich bereits Reimarus der heute so genannten (und als psychologischer Theorie ausgearbeiteten) «Dissonanz-Theorie» (vgl. oben S. 34–37), die er im Unterschied zu deren sonstigen Benutzern allerdings negativ auslegte: Aufarbeitung einer Enttäuschung durch Betrug. David Friedrich Strauß, der mit seinen beiden 1835–1836 publizierten Bänden «Das Leben Jesu kritisch betrachtet» für die nächste große Welle öffentlicher Aufregung sorgte, bediente sich derselben Erklärungsfigur, führte aber gegen Reimarus den Kirchenvater Origenes ins Feld, der gegen Kelsos eingewandt hatte, «daß eine selbsterfundene Lüge die Jünger unmöglich zu einer so standhaften Verkündigung der Auferstehung Jesu unter den größten Gefahren hätte begeistern können». Strauß selbst fügte hinzu: «Und mit Recht bestehen noch jetzt die Apologeten darauf, daß der ungeheure Umschwung von der tiefen Niedergeschlagenheit und gänzlichen Hoffnungslosigkeit bei dem Tode Jesu zu der Glaubenskraft und Begeisterung, mit welcher die Jünger am folgenden Pfingstfest ihn als Messias verkündigten, sich nicht erklären ließe, wenn nicht in der Zwischenzeit etwas ganz außerordentlich Ermuthigendes vorgefallen wäre, und zwar näher etwas, das sie von der Wiederbelebung des gekreuzigten Messias überzeugte.» Wir kommen darauf zurück.

Lessing hatte die anstößigen Fragmente aus dem Nachlaß des Reimarus in der Erwartung publiziert, «sie sobald als möglich, sie noch bei meinen Lebzeiten widerlegt zu sehen ... Sie enthalten so mancherlei Dinge, welche mein bißchen Scharfsinn und Gelehrsamkeit gehörig auseinanderzusetzen nicht zureicht. Ich sehe hier und da auf tausend Meilen keine Antwort ...» Im Unterschied zum Kirchenvater Origenes schien Lessing vor allem die Beweisführung mit dem aktuellen «Beweis des Geistes und der Kraft» unmöglich; er lebte «in dem 18. Jahrhunderte, in welchem es keine Wunder mehr gibt», wo «dieser Beweis des Geistes und der Kraft weder Geist noch Kraft mehr hat, sondern zu menschlichen Zeugnissen von Geist und Kraft herabgesunken ist».

Für Lessing war klar und seit Lessing ist klar, daß der historische Nachweis, daß Jesu Grab leer war, die den Jüngern Jesu zufallende Beweislast nicht tragen kann; und Lessing hat – zumindest uns – wieder darauf aufmerksam gemacht, daß ihre – und damit unsere – Beweislast den «Beweis des Geistes und der Kraft» einschließt, weil nur er den skeptischen Verdacht eines Betruges hinreichend auszuschließen vermag.

IX. Waren die Jünger Jesu Betrogene?

Auch schon ins erste Jahrhundert geht die Ansicht zurück, Jesu Jünger seien Betrogene, Opfer eines Mißverständnisses gewesen. In der Szene von der Begegnung Marias von Magdala mit dem auferstandenen Herrn im Johannesevangelium wird die Ansicht implizit zurückgewiesen, der Gärtner des Gartens, in dem Jesu Grab lag, habe Jesu Leichnam weggeschafft; nichtsahnend hätten die Frauen Jesu Grab leer gefunden und seine

Jünger daraufhin seine Auferweckung verkündigt.

Als direkt Betrogene gelten die Jünger allen Kritikern des Christentums, die Jesus selbst für einen Betrüger halten; wir sahen schon, daß diese Auffassung auch der Betrugshypothese, die Matthäus widerlegen mußte, zugrunde lag; danach war Jesus «jener Betrüger» (Mt 27,63). Der Herrenbruder Jakobus wurde im Jahre 62 n. Chr. gesteinigt; man warf ihm vor, er habe, selbst von Jesus verführt, betrogen, seine jüdischen Volksgenossen verführt, betrogen.

Erklärt man die Entstehung des Osterglaubens in den Spuren der «Dissonanz-Theorie», so fällt es nicht leicht, den Verdacht abzuweisen, es handle sich dabei um einen Selbst-Betrug der Jünger. Alle Hypothesen, die davon ausgehen, daß der Glaube an die Auferstehung Jesu und die Sinngebung seines Todes ein «Produkt» seiner Jünger sei, laufen zumindest Gefahr, sich solchem Mißverständnis auszusetzen. Machen wir uns den Sachverhalt an der Erklärung der Entstehung des Osterglaubens klar, wie sie David Friedrich Strauß (auf dessen Ansicht wir zurückkommen wollten) vertreten hat und wie sie ähnlich in vielerlei Spielarten vertreten worden ist. Strauß schrieb in seinem Leben-Jesu-Buch: Die Jünger «hatten lediglich den Tod ihres Meisters als Factum vor sich, die Ansicht einer Auferstehung desselben konnten sie nirgends her nehmen, sondern mußten dieselbe, nach unse-

rer Vorstellung von der Sache, erst *producieren* …
Um hierüber richtig urteilen zu können, müssen
wir uns noch genauer in die Lage und Stimmung
der Jünger Jesu nach seinem Tode hineindenken.
Er hatte während seines mehrjährigen Zusammen-
seins mit ihnen immer mehr und entschiedener
den Eindruck des Messias auf sie gemacht; sein
Tod aber, den sie mit ihren Messiasbegriffen nicht
reimen konnten, hatte diesen Eindruck für den
Augenblick wieder vernichtet. Wie sich nun,
nachdem der erste Schrecken vorüber war, der
frühere Eindruck wieder zu regen begann, entstand in ihnen von selbst *das psychologische Be-
dürfnis*, den Widerspruch der letzten Schicksale
Jesu mit ihrer früheren Ansicht von ihm aufzulösen, in ihren Begriff vom Messias das Merkmal des
Leidens und Todes mit aufzunehmen.» Eben dies
geschah nach Strauß durch die Produktion der
Idee der Auferstehung Jesu mit Hilfe des Alten
Testamentes, durch eine Produktion, die auch mit
visionären Erlebnissen verbunden sein mochte:
«Wie denkbar endlich ist es, daß diese Empfin-
dungen bisweilen bei einzelnen, namentlich
Frauen, rein subjectiv zur wirklichen Vision sich
steigerten.» Strauß läßt, wie man sieht, die Ostererscheinungen als Beweismittel der Jünger Jesu
nicht mehr gelten; die Beweislast, die den Jüngern
zufällt, wird damit freilich nicht geringer: Sollen
sie vor dem Vorwurf des Selbstbetrugs geschützt
bleiben, so müssen sie «beweisen» können, daß

Jesus der Messias war und daß das Leiden und der Tod des Messias notwendig, daß die diesbezügliche Prophetie des Alten Testamentes wahr war.

Die Wirkung der Theorie von David Friedrich Strauß war nachhaltig, besonders bei maßgebenden Vertretern der sogenannten «liberalen Theologie» zu Beginn unseres Jahrhunderts. So führte Wilhelm Bousset in seinem wichtigen Buch «Kyrios Christos» (1913) aus: «Für eine wirklich historische Betrachtung werden auch jene visionären Erlebnisse an die zweite Stelle rücken müssen. – Das wichtigste und zentralste in alledem ist und bleibt doch, daß sich in den Seelen der Jünger die felsenfeste Überzeugung erhob, Jesus sei trotz Tod und scheinbarer Niederlage, ja gerade durch alles das hindurch der überweltliche Messias in Herrlichkeit geworden, der wiederkehren solle zum Weltgericht, und daß diese Gewißheit ihnen den Glauben an die von Jesus vertretene Sache des Evangeliums ermöglichte. Die verschiedensten Faktoren haben zusammengewirkt, um jene neue Überzeugung zu gestalten. Der treibende Faktor war der mit nichts zu vergleichende, gewaltige und unzerstörbare Eindruck, den Jesu Persönlichkeit in den Seelen der Jünger hinterlassen hatte und der mächtiger war als öffentliche Schande und Tod, Qual und Untergang. Gesteigert wurde diese Stimmung durch die eben erlebte Zertrümmerung aller Hoffnung, durch das unerwartete Unterliegen und den plötzlichen Untergang des Helden und Meisters. Es ist *ein psychologisches Gesetz*, daß eine derartige Enttäuschung heißester Hoffnungen durch die brutale Tatsächlichkeit nach einer Zeit der Entmutigung den Gegenschlag auslöst oder wenigstens auslösen kann, in dem sich die menschliche Seele mit einem trotzigen und dennoch sieghaft zu einer Stimmung erhebt, die das Unmögliche möglich macht.»

Bousset sprach also schon von einem «psychologischen Gesetz». Der französische Exeget Ernest Renan (dessen Andenken heute noch in einem «Cercle Ernest Renan» gepflegt wird), der zum katholischen Theologen bestimmt war, aber unter dem Einfluß der kritischen deutschen Theologie, besonders auch des Werks von David Friedrich Strauß, an diesem Weg irre wurde, erklärte in seinem berühmt gewordenen «Leben Jesu» (1863) auch schon die Entstehung des Auferstehungsglaubens psychologisch: «Am Sonntag Morgen kamen die Frauen, Maria Magdalena zuerst, sehr frühzeitig zum Grabe. Der Stein war von der Öffnung fortgewälzt und der Leichnam nicht mehr da, wo man ihn hingelegt hatte. In gleicher Zeit verbreiteten sich die seltsamsten Gerüchte in der christlichen Gemeinde. Der Ruf ‹Er ist auferstanden!› machte gleich einem Blitz unter den Jüngern die Runde. Die Liebe ließ ihn überall leicht Glauben finden. Was war geschehen? ... Jesu Leben endet für den Historiker mit seinem letzten Seufzer. Aber im Herzen seiner Jünger und einiger er-

gebener Freundinnen hatte er eine solche Spur zurückgelassen, daß er noch Wochen lang für sie
lebte und ihnen ein Tröster war. War sein Leichnam entführt worden, oder ließ der stets leicht-
gläubige Enthusiasmus nachher die Erzählungen
entstehen, durch welche man den Glauben an die
Auferstehung zu begründen suchte? Das werden
wir wegen der widersprechenden Documente darüber nimmer erfahren. Gestehen wir indessen,
daß die starke Einbildungskraft der Maria Magdalena bei diesem Umstande eine Hauptrolle spielte.
Göttliche Macht der Liebe! Heilige Augenblicke,
wo die Leidenschaft einer Hellseherin der Welt einen auferstandenen Gott giebt!»

Auf Renan bezieht sich noch Joseph Klausner,
der bekannteste jüdische Jesusforscher, in seinem
1950 erstmals deutsch publizierten, 1980 erneut
aufgelegten Band «Von Jesus zu Paulus». Er über-
legt: «Jesus hat sich selbst als Messias proklamiert,
wurde festgenommen, verurteilt und gekreuzigt.
Eine ganze Reihe von Messiassen war dem jüdischen Volk zu Ende des Zweiten Tempels entstanden – sie wurden getötet und vergessen. Jesus
wurde getötet – und nicht vergessen.

Warum gerade er, er als einziger unter all den
Messiassen, die keinen Erfolg hatten und deshalb
für falsche Messiasse gehalten wurden?

Eine Antwort auf diese Frage ergibt sich nur,
wenn wir vor allem die Tatsache festhalten, daß
von Anfang an sein Andenken von drei Frauen ge-

rettet wurde, darunter von *Maria Magdalena*, der ‹sieben böse Geister ausgetrieben waren›, d. h. also von einem bis zum Wahnsinn hysterischen Weibe. Offenbar war sie es, die davon Mitteilung machte, daß sie Jesus nach seiner Kreuzigung gesehen habe und er sonach – auferstanden sei. *Renan* sagt nicht ganz mit Unrecht: ‹Nach Jesus hat niemand für die Entstehung des Christentums mehr geleistet als Maria (Magdalena). Der Schatten, den Magdalena in ihrer Überempfindlichkeit geschaffen hat, schwebt immer noch über der Welt. Königin und Schirmherrin der Idealisten, verstand es Magdalena besser als irgendwer, ihren Traum glaubhaft zu machen und andere mit der heiligen Vision ihrer glühenden Seele anzustecken. Ihre große Bezeugung, die Bezeugung einer Frau: ‹Er ist auferstanden!› wurde die Grundlage für den Glauben der Menschheit.›»

Die «Dissonanz» des Kreuzes Jesu ist nicht nur im Horizont der Psychologie der Jünger gesichtet worden, sondern auch im Horizont der Sache der Theologie, des Streites um Gott. Dies hat in jüngster Zeit (1968) z. B. Kurt Niederwimmer in seinem Jesus-Buch getan, das im übrigen gerade auch tiefenpsychologischen Interpretationsmöglichkeiten verpflichtet ist. Er schrieb: «Nun: über das, wie Jesus die letzten Stunden erfahren hat, wissen wir nichts. Es ist aber auch für die Frage nach der Bedeutung des Kreuzes nicht entscheidend. *Für die Bedeutung des Kreuzes ist vielmehr entschei-*

*dend, daß es Jesus als gescheiterten, von Gott ver-
lassenen Irrlehrer brandmarkt.* Die Kreuzigung
ist die Rechtfertigung und der Sieg derer, die immer schon gesagt haben, daß es mit Jesus nichts
ist. Die Kreuzigung demonstriert, daß Jesus mit
Gott nichts zu tun hat. *Sie definiert Jesus als gott-
los ...* macht den Weg Jesu als Irrweg und Jesus als
Verführer offenbar.» Die Ostererscheinungen zeigen nach Niederwimmer «das genaue Gegenteil:
sie rechtfertigen Jesus. Die Ostererscheinungen
predigen: er hat doch recht gehabt! Gott steht auf
seiner Seite! Gott hat ihn doch nicht verlassen
(also muß man auch das Kreuz von daher interpre-
tieren!») Niederwimmer führt dann näherhin
seine Auffassung so aus: «Die Hinrichtung Jesu
war nicht das Ende seiner Geschichte. Seine Anhänger hatten nach einiger Zeit Erscheinungen, in
denen ihr altes Zutrauen zu ihrem Meister wieder
auflebte. Der Historiker kann noch weitergehen:
die Erscheinungen lassen sich schwerlich unter die
Kategorie der ‹Visionen› einreihen. Vor allem
werden sie nicht verständlich, solange man igno-
riert, daß den Jüngern nicht einfach der irdische
Jesus erschienen ist, sondern der ‹erhöhte Herr› in
seiner ‹Glorie›. Darauf ist zum Verständnis des
Ganzen Gewicht zu legen. Erst wenn man sieht,
daß die Ostererscheinungen den Jüngern Jesu die
Garantie dafür gewesen sind, daß Gott den gekreuzigten ‹Irrlehrer› in seine Herrlichkeit erhöht
hat, erschließt sich der Sinn der Osterbeichte. Sie

rechtfertigen den ‹Empörer›, den Übertreter ritu-
eller Gebote, den Propheten, der das Ende des
Tempels angekündigt hatte, sie rechtfertigen den
Gekreuzigten. Sie bedeuten: Gott bekennt sich zu
ihm – zu *ihm*, und nicht zu den Pharisäern und zur
jüdischen Obrigkeit. Gott bekennt sich zu dem
am Kreuz Verlassenen, Gott rechtfertigt den
Gottverlassenen.»

Die «Garantie»? Ist sie vor dem Verdacht des
Selbstbetrugs gefeit? Wenn Jesus für die Einschätzung auch der Jünger am Kreuz der Gottverlas-
sene war, dann mündet auch dieser Versuch in den
Spuren der «Dissonanz-Theorie»; Niederwimmer
sagt auch ausdrücklich: «Das Bewußtsein konnte
Jesu Freiheit erst annehmen, nachdem es zuvor Jesus verdammt hatte»; und er spricht von der «Ein-
heit nach dem Konflikt, *nach* der vollzogenen Dif-
ferenzierung des Bewußtseins».

Ludwig Feuerbach hat schon vor über hundert
Jahren solche Denkfiguren denunziert, als er fest-
stellte: «Der Mensch verneint sich, aber nur um
sich wieder zu setzen, und zwar in verherrlichter
Gestalt!» Die Beweislast der Jünger Jesu muß seit-
her den Projektionsverdacht tragen. Feuerbach
sah richtig, daß die Beweislast eine praktische ist;
er meinte: «Ist das Wesen des Menschen das höchste Wesen des Menschen, so muß auch praktisch
das höchste und erste Gesetz die Liebe des Menschen zum Menschen sein. *Homo homini Deus est*
– dies ist der oberste praktische Grundsatz – dies

der Wendepunkt der Weltgeschichte.» Jesu Jünger behaupteten: *Deus homo factus est* – dies sei der Wendepunkt der Weltgeschichte. Haben sie es praktisch bewiesen? Die Jünger behaupten: *Crucifixus pro nobis*. Haben sie ihren Glauben bewiesen?

X. Wie lautete die Beweisführung der Jünger?

Wie lautete die Beweisführung der Jünger angesichts der Hinrichtung Jesu? Die Jünger behaupteten, der gekreuzigte Jesus sei nicht von Gott verflucht, vielmehr habe Gott ihn auferweckt und damit ins Recht gesetzt. Gottes Urteil über Jesus stehe gegen das Urteil derer, die Jesus im Namen Gottes verurteilten. Diese Behauptung erlaubte es den Jüngern, weder mit Jesu Gegnern Jesus zu verfluchen noch selbständig Gott zu fluchen; denn Jesus war gegen seine Gegner recht gegeben worden – und zwar von Gott selbst.

Jedoch, ist das ein Beweis gegen die Sinnlosigkeit des Todes Jesu? Warum mußte Jesus dann sterben, wenn Gott ihn auferwecken konnte? Auch darauf haben Jesu Jünger eine Antwort: Jesus sei nach dem Willen Gottes stellvertretend für alle Menschen gestorben, sein Tod habe Sinn als Sühnetod!

Zwei Behauptungen ergeben nun noch keinen Beweis! Und der Beweis? Die Jünger erklären, Jesus sei ihnen erschienen: als Auferweckter. Und die Frauen, die Jesu Kreuzigung und Grablegung verfolgten, hätten überdies am dritten Tag sein Grab leer gefunden.

Wie steht es mit diesen Beweisen? Das «leere Grab» ist, wie wir schon gesehen haben, von den Gegnern der Jünger gerade als Gegenbeweis benutzt worden. Zwar fällt es nicht schwer, diesen Gegenbeweis zu entkräften, aber damit ist noch kein Beweis gesichert. Wenn die Auffindung des «leeren Grabes» als historisch gesichert gelten kann (was unter den Fachleuten der historisch-kritischen Exegese bis heute umstritten ist), dann kann zunächst nur als bewiesen gelten, daß Jesu Leichnam am dritten Tag nicht mehr im Grab vorhanden war. Aus dieser Tatsache allein läßt sich aber nicht erschließen, Jesus müsse auferweckt worden sein, auch wenn die Unterstellungen der Betrugshypothesen, Jesu Jünger hätten den Leichnam gestohlen oder der Gärtner habe ihn umgebettet, als widerlegt gelten können. Die Vieldeutigkeit des Faktums des «leeren Grabes» ist unbestreitbar und unbestritten. Die Theologen, die mit der Faktizität des leeren Grabes rechnen, sprechen deshalb auch mit Recht nur von einem nachträglich beglaubigenden Zeichen, einer Verstärkung des Beweises der Auferstehung Jesu, der aber mit dieser Verstärkung nicht steht oder fällt. Weil dies so ist, meinen andere, die historische Unsicherheit in der Beweisführung für die Tatsächlichkeit des leeren Grabes stärker in Rechnung stellen und auf diese Beweisführung ganz verzichten zu können bzw. zu müssen. In jedem Fall fällt das Schwergewicht der Beweisführung der Untersuchung der Glaubwürdigkeit der Ostererscheinungen zu. Der Streit, der seit langem um die Frage geführt wird, ob die «Erscheinungen des Auferstandenen» subjektive oder objektive (oder überhaupt) Visionen waren, hat sich als unfruchtbar erwiesen. Mit historischen Urteilen angemessener Sicherheit kann man davon ausgehen, daß die Erscheinungen des Auferstandenen den Jüngern in ekstatischen Visionen zukamen, Visionen, die der Visionär niemals «macht», sondern die ihm zukommen, widerfahren. Das Analogielose dieser Erfahrungen, die aufgrund des heutigen Forschungsstandes als faktische Erfahrungen des Petrus, der Elfe, des Jakobus, der Apostel und sogar von fünfhundert Brüdern und schließlich des Paulus (vgl. 1 Kor 15,5–8) gelten, ist nicht deren Erlebnisstruktur, sondern ihr Inhalt: Die Jünger haben den gekreuzigten Jesus als den Auferstandenen gesehen. Die Erscheinungen des Auferstandenen waren für die Jünger Evidenz-Erlebnisse von höchster Qualität und Gewißheit. Ihnen war die Auferstehung Jesu erwiesen. Wir kommen auf diesen Beweis und die Frage, ob er zureicht und wie er zu würdigen ist, später noch einmal zurück. Zunächst beschäftigt uns eine weitere Frage: Wieso ist ein Beweis für die Behauptung der Auferstehung Jesu auch ein Beweis für den Sinn seines Todes? Läßt sich aus dem Glauben an die Auferstehung Jesu ableiten, er sei für alle Menschen gestorben? Und ist die Deutung des Todes Jesu als Sühnetod eine – auch um den Preis des Ekels anderer Menschen – annehmbare Sinngebung seiner Kreuzigung?

Warum rebellieren die Jünger nicht gegen den Karfreitag?

Ich fürchte, wenn wir der Beweisführung der Jünger Jesu nicht noch anders, überzeugender auf die Spur kommen, werden wir Zeitgenossen vom Schlag und den Erfahrungen Fritz Zorns nicht davon überzeugen, die Jünger seien nicht «feige und dumm» gewesen. Fritz Zorn wird die Jünger weiterhin zu den vielen Ijoben rechnen, die vor Gott kuschen, mit den Worten des Schriftstellers etwa so: Die Antwort auf den Tod Jesu sei «die, daß ich dir (Gott) gerne untertan bin, dich sinnvoll finde und versuche, dich zu lieben. Du hast die Gestapo, das KZ und die Folter erfunden; ich anerkenne also, daß du der Größte und der Stärkste bist. Der Name des Herrn sei gelobt.» Fritz Zorn stünde mit einer solchen Einschätzung «christlicher» Sinngebung des Todes Jesu auch keineswegs allein. Die Rede vom «Moloch»-Gott, der seinen Sohn schlachten ließ, ist ja nicht neu.

Es genügt vielleicht, in diesem Zusammenhang an Friedrich Nietzsches «Antichrist» (1888) zu erinnern: «Das Verhängnis des Evangeliums entschied sich mit dem Tode – er hing am ‹Kreuz› . . . Erst der Tod, dieser unerwartete, schmähliche Tod, erst das Kreuz, das im allgemeinen bloß für die canaille aufgespart blieb – erst diese schauerlichste Paradoxie brachte die Jünger vor das eigentliche Rätsel: ‹Wer *war das? Was war das?*› – Das erschütterte und im tiefsten beleidigte Gefühl, der Argwohn, es möchte ein solcher Tod die *Widerlegung* ihrer Sache sein, das schreckliche Fragezeichen ‹warum gerade so?› – dieser Zustand begreift sich nur zu gut. Hier *mußte* alles notwendig sein, Sinn, Vernunft, höchste Vernunft haben; die Liebe eines Jüngers kennt keinen Zufall . . .

Und von nun an tauchte ein absurdes Problem auf: ‹Wie *konnte* Gott das zulassen!› Darauf fand die gestörte Vernunft der kleinen Gemeinschaft eine geradezu schrecklich absurde Antwort: Gott gab seinen Sohn zur Vergebung der Sünden, als *Opfer*. Wie war es mit einem Male zu Ende mit dem Evangelium! Das *Schuldopfer*, und zwar in seiner widerlichsten, barbarischsten Form, das Opfer des *Unschuldigen* für die Sünden der Schuldigen! Welches schauderhafte Heidentum!» Nietzsche erblickte in der Sinngebung des Todes Jesu eine Beweisführung «um jeden Preis» – um den Preis «schauderhaften Heidentums». Fritz Zorn hätte sich auf ihn berufen können. Und wir sehen uns genötigt, uns die Beweisführung der Jünger Jesu – und damit auch unsere Beweisfüh-

rung – nochmals sorgfältiger zu vergegenwärtigen. Was geschah zwischen Karfreitag und
Ostern?

XI. Der Weg der Jünger «zwischen Karfreitag und Ostern» verlief anders

Unsere Überlegungen bisher waren im Horizont
der dritten Reaktionsmöglichkeit, die den Jüngern
Jesu theoretisch angesichts der Hinrichtung des
Meisters offenstand, angesiedelt. Nun müssen wir
jedoch feststellen: Jesu Jünger haben auch die
dritte Möglichkeit, zu proklamieren: «Die Sache
Jesu geht weiter», nicht ergriffen. Sie haben weder
in einem Vorsehungsglauben, wonach alles, was
geschieht, Sinn hat, noch in einer Beweisführung
«um jeden Preis» dem Tod Jesu Sinn verliehen. Ihr
Weg «von Karfreitag nach Ostern» verlief anders!
Es war der Weg einer konkreten Geschichte, in
der ihnen der Sinn des Todes Jesu erschlossen
wurde und in der ihnen die Beweisführung in einer
Weise zukam, die von den drei skizzierten Möglichkeiten unterschieden war und ist. Um es kurz
vorwegzusagen: Der Sinn des Todes Jesu wurde
den Jüngern von Gott durch die auf die Geschichte Jesu, auf Jesus selbst gegründete eigene
Geschichte der Jünger zugespielt; ohne ihr «Tun»
der Wahrheit gab es kein Verstehen, keinen Sinn;
ohne ihre Ergriffenheit gab es kein Begreifen; die

Beweisführung fiel auf ihr eigenes, dem Tod Jesu verdanktes «neues Leben» in der österlichen Gemeinde, in der sie Zeugen dafür wurden, daß – wie sie in einem grundlegenden Bekenntnis früh formulierten – «der Christus gestorben ist für unsere Sünden nach den Schriften und begraben wurde und daß er auferweckt wurde am dritten Tag nach den Schriften und dem Kephas erschien und dann den Zwölf» (1 Kor 15,3–5).

Das alte Bekenntnis sagt nicht, Jesus von Nazaret sei für unsere Sünden gestorben, sondern: Der Christus, der Messias, ist für unsere Sünden gestorben. Nur wenn wir diese Differenz beachten, kommt die Dimension der Frage nach dem Sinn des Todes Jesu und damit das Ausmaß der Sinnkrise des Karfreitags überhaupt in unseren Blick. Das alte Osterlied hat es prägnant ins Wort gefaßt: «Wär *er* nicht erstanden, *die Welt* wär vergangen.» Am Sinn des Todes Jesu hängt die Existenz der Welt – und entsprechend an der – wie wir noch sehen werden – praktischen Beweisführung der Jünger Jesu in der österlichen Gemeinde.

Der Weg der Jünger muß – als konkreter, geschichtlicher Weg – als Weg der Umkehr und des Glaubens streng theologisch beschreibbar sein, wenn er nicht als ein willkürlicher Weg in Mißkredit geraten soll. Wir haben gesehen, daß die Auslegung des Weges der Jünger, die sich im Rahmen der dritten theoretisch bedachten Reaktionsmöglichkeit bewegt, sich implizit oder explizit der

«Dissonanz-Theorie» bedient. Es ist nun aber von entscheidender Bedeutung, genauer zuzusehen, worauf die «Dissonanz» in den verschiedenen Theorien der Erklärung des Osterglaubens jeweils bezogen wird. Wird die Dissonanz aus der Geschichte der Jünger in die Geschichte Jesu verlagert und als Kluft zwischen dem verkündigenden Jesus und dem verkündigten Christus oder dem historischen Jesus und dem geglaubten Herrn, dem Gekreuzigten und dem Auferstandenen begriffen, so scheint keine ernsthafte Möglichkeit zu bleiben, die Jünger vor dem Willkürverdacht zu schützen bzw. dem theologischen Einwand zu entkommen, die Jünger proklamierten ein willkürliches Handeln Gottes.

Eine solche Verlagerung der Dissonanz ist der fatale Fehler vieler Theologen und ihrer Hypothesen in unserem Jahrhundert. Die Forschung des 18. und 19. Jahrhunderts ging noch davon aus, daß Jesu Messianität für den Glauben seiner Jünger (in welcher Auslegung, was freilich entscheidend ist, auch immer), für den Glauben seiner Anhänger schon vor Ostern beglaubigt war und daß dieser Glaube *eine* wesentliche Voraussetzung des Glaubens an seine Auferstehung gewesen sei. Seitdem William Wrede in seinem Buch «Das Messiasgeheimnis in den Evangelien» 1901 diese Voraussetzung bestritt und erklärte, Jesus sei vor seinem Tod weder für den Messias gehalten worden noch habe er sich selbst dafür gehalten, und seitdem sich diese Auffassung – besonders durch Rudolf Bultmanns Autorität und den Einfluß der Dialektischen Theologie – weithin durchsetzte, wurden die Erklärungen des Weges der Jünger zunehmend schwieriger. Wenn Jesus selbst in seinem Tod keinen Sinn gefunden haben sollte, wenn man mit der «Möglichkeit, daß er zusammengebrochen ist» (Bultmann), rechnen muß bzw. sich diese Möglichkeit «nicht verschleiern» darf, dann entsteht eine «Dissonanz» zwischen Jesu eigener Verkündigung und Erwartung und seiner Hinrichtung, seinem Tod, seinem Ende. Wenn überdies Jesus selbst nicht einmal den Anspruch (implizit oder explizit) vertreten hatte, der Messias zu sein, d. h. Gottes Geschichte mit seinem auserwählten Volk Israel ins Ziel zu bringen, wie könnte dann das «Weitermachen» der Jünger Jesu anders denn als «eigenmächtig» verstanden werden? Wenn die Jünger in ihrer Verkündigung Jesus erst nachträglich als Messias «etikettieren», dann sind sie die Produzenten seiner Messianität (und ein Glaube an Jesu Präexistenz, seine Inkarnation, seine Zeugung aus dem Geist, seine universal-eschatologische Sendung von Anfang an wäre nicht mehr zu verantworten).

Die Evangelien zeichnen die «Dissonanz» – zweifellos historisch und sachlich richtig – als das Auseinanderklaffen zwischen vorläufigem «Nichtverstehen» und späterem «Verstehen» der Jünger; sie relativieren nicht Jesus selbst und seine

Sache, seine Botschaft als «vorläufig» oder «uneindeutig», sondern den vorösterlichen Glauben der Jünger. Die Evangelien geben zu verstehen, daß das Kreuz nicht die Katastrophe Jesu, das Ende seiner Sache war; auch historisch kann man urteilen, «daß die Kreuzigung Jesu unter den gegebenen Bedingungen die Konsequenz aus seiner Botschaft bzw. seinem Verhalten als Bote eben dieser Botschaft war» (Nikolaus Walter). Die Sinnkrise des Karfreitags ist nicht eine Krise Jesu, sondern eine Glaubenskrise der Jünger. Die «Dissonanz» wird in der Geschichte des Petrus besonders deutlich sichtbar zwischen seiner Bereitschaftserklärung, mit Jesus sterben zu wollen, und seiner Leugnung, Jesus überhaupt zu kennen. Der Weg der Jünger Jesu ist also insofern anders, als sie gefragt sind, ob sie den vorliegenden Sinn des Todes Jesu übernehmen wollten, nicht, ob sie in der Lage wären oder sich in die Lage bringen oder bringen lassen könnten, dem Tod Jesu einen Sinn abzugewinnen.

Der Weg der Jünger ist der Weg nach ihrem Zu-Fall-Kommen (vgl. Mk 14,27), ein Weg des Wieder-Stehens und Verstehens, ein Weg des Glaubens, nicht des «Machens» (in der Form des «Weiter-Machens»). Es ist ein Weg der Umkehr.

XII. Die Krise des Karfreitags

Die Jünger Jesu hatten den Meister für den Messias gehalten, d. h. für den Gesalbten Gottes, den Menschen, der als letzter Bote Gottes das Volk Gottes definitiv sammeln und ins Heil bringen sollte, den Menschen, dem Gott seinen Willen ganz anvertraut hatte, weil er sich Gottes Herrschaft ganz dienstbar gemacht hatte; die Jünger Jesu hatten alles verlassen und waren Jesus nachgefolgt. Am Karfreitag nun hatten die Jünger alle Jesus verlassen. Die Krise der Kreuzigung Jesu, so ist zu urteilen, spitzte sich für sie dahingehend zu, daß nicht irgendein sinnloser Tod ihr Leben in Frage stellte, sondern vielmehr dahin, daß derjenige gestorben war, der nach ihrem in ihrer radikalen Nachfolge bekundeten Glauben das endgültige Heil, die Vermittlung der Gemeinschaft mit Gott in Gottes Volk, das Kommen der Gottesherrschaft exklusiv an seine Person gebunden wußte. Wenn sein Tod unter dem Fluch des Gesetzes stand, wenn der Ketzertod ihn von der von ihm bezeugten Gemeinschaft mit Gott getrennt hatte, dann war auch die durch ihn gestiftete neue Glaubensgemeinschaft, die Jüngergemeinschaft als Gemeinschaft mit Gott, unmöglich, unwirklich geworden, zerbrochen. Oder anders formuliert: Wenn Jesus, der als Messias Gottes Volk definitiv sammeln und erneuern wollte, mit der Sanktion der Tora mit Recht aus Gottes Volk ausgestoßen war, war er dann nicht entlarvt? Und wenn nicht zu Recht, war dann nicht Gottes Volk am Ende (vgl. Mk 12,9)? Die Frage, ob der Tod Jesus widerlegt hatte, konnte vom toten Jesus selbst, den das Urteil des Gesetzes über seinen Tod hinaus «mundtot» machen sollte, nicht mehr beantwortet werden. Zur radikalsten Infragestellung seiner selbst konnte Jesus nicht mehr für seine Jünger Stellung nehmen. Ihm war jegliche Beurteilung seiner selbst genommen in radikaler Ohnmacht. Solange Jesus bei ihnen war, konnte er selbst den Glauben seiner Jünger an sein Wort und seine Sendung stützen. Der «Grund» ihres Glaubens war ihnen mit ihm selbst gegeben. Die Frage, die ihnen seit dem Karfreitag gestellt war, war die, ob sie aufgrund des Gekreuzigten begründet würden glauben können. War Jesu Tod sinnlos, dann waren es auch sein Leben – und ihr bisheriges Leben in seiner Nachfolge. Jesu Tod nachträglich Sinn zu verleihen hieße, sich von Jesus selbst emanzipieren, ihn zum «Anlaß» degradieren, nun selbst weiterzumachen. Solche Zuspitzung macht deutlich: Die Jünger waren auf den Erweis der Treue Gottes zu seinem Messias, die Offenbarung des Gekreuzigten als des Auferstandenen angewiesen. Waren sie dafür noch offen? Umkehrbereit? Geschah an ihnen das Wunder der Erneuerung des Gottesvolkes in der Stiftung der Kirche?

In der Emmaus-Erzählung (Lk 24,13–35) beschreiben die beiden Jünger, in deren Weg von Jerusalem nach Emmaus und zurück der Weg der
Jünger Jesu literarisch-theologisch verdichtet ist,
ihre Situation so: «Jesus von Nazaret war als Prophet aufgetreten, wirkmächtig in Tat und Wort
vor Gott und dem ganzen Volk. Die Hohenpriester und unsere Vorsteher haben ihn der Todes-
strafe überantwortet und gekreuzigt. Wir aber
hatten gehofft, daß *er* es ist, der Israel erlösen
werde.» Sie hatten gehofft, er werde die Lösung
für den Weg des Volkes Gottes in der Welt und
damit für die ganze Welt bringen, weil sie ihn als
den Messias glaubten und ihn durch sein Wirken,
seine Sammlungs- und Befreiungsbewegung in Israel, vor Gott und dem Volk beglaubigt sahen. Sie
hatten im Anschluß an Jesus, in seiner Nachfolge
erfahren, daß in der Jüngergemeinde, die sich im
ungeteilten Dienst füreinander ganz der Herrschaft Gottes unterstellt, die Spaltung des Gottesvolkes in religiöse und soziale Klassen und die
Spaltung jedes einzelnen zwischen Gott und den
eigenen Götzen aufgehoben, kurz: das Krebsgeschwür der Gesellschaft geheilt werden konnte.
Sie hatten die heilende Kraft des Glaubens erlebt –
in allen Dimensionen des privaten und öffentlichen Lebens, ja die Integration dieser Dimensionen in der Glaubensgemeinschaft, welche (wie es
schon Ps 114 wußte) als Gottes «Heiligtum und
Königsbereich» auch die Spaltung der Welt in Sa-

krales und Profanes, Reines und Unreines über-
holt hatte.

«Wir hatten gehofft, er werde Israel erlösen!»
Eine enttäuschte Hoffnung? Eine entlarvte Uto-
pie? Mußten die Jünger nicht vor der Sinnlosigkeit
des Todes Jesu kapitulieren? War der Messias
nicht aus dem Gottesvolk ausgestoßen? Der Weg
Israels nicht am Ende, seine Erlösung verspielt?

Die Emmaus-Erzählung berichtet, die beiden
Jünger hätten sich über alle Erfahrungen mit Jesus
unterhalten, sie besprochen, miteinander über-
legt. Aber ihre Augen seien gehalten gewesen,
durch Trauer verschleiert, durch Zweifel getrübt,
verfinstert.

Fritz Zorn hätte ihnen vermutlich vorgeschla-
gen, nun nicht «feige und dumm» zu sein; er
schrieb: «Ich sehe ... noch einen dritten mög-
lichen Inhalt des menschlichen Lebens, nach dem
Glück und nach dem Sinn, nämlich die *Klarheit*.
Wenn ich schon nicht glücklich und mein Leben
nicht sinnvoll sein kann, so kann ich mir doch darüber klar werden ... Wenn man einmal eingesehen
hat, daß eine Sache verloren ist, ist es falsch, sich
vor dieser Tatsache zu verschließen. Eine einge-
standene Niederlage ist besser als eine uneinge-
standene.»

War die Sache Jesu verloren? Mußte Israel,
mußte die Welt unerlöst bleiben? War das die
Klarheit, die zu gewinnen war?

XIII. Die Oster-Evidenz

Die Klarheit, die Jesu Jünger an Ostern gewannen, war die Klarheit über den «Sieg» Jesu, auch seinen Sieg über die Niederlage ihrer Feigheit, ihres Kleinglaubens. Das Urteil Gottes über den gekreuzigten Jesus, daß Gott ihn nicht im Tod gelassen, sondern auferweckt und zu seiner Rechten erhöht hatte, daß Jesu Tod der Sieg Gottes über den Tod war, die Erlösung gebracht hatte, wurde den Jüngern in den Erscheinungen des Auferstandenen evident, klar. In ihren Visionen, in denen sie den gekreuzigten Jesus als den zur Rechten Gottes inthronisierten Menschensohn schauten, ging ihnen endgültig auf, daß Jesus der Messias war, daß er der Sohn Gottes von Ewigkeit zu Ewigkeit ist, daß seine Sendung universal-eschatologische Bedeutung hatte und sich durch sie selbst als die Apostel, die Gesandten des «Neuen Bundes», fortsetzen sollte.

Die Sache Jesu war verloren, wenn die Jünger sich nun nicht zum «Leib Christi» machen ließen, durch die er als das «Haupt» reden und handeln könnte. Israel, die Welt mußten unerlöst bleiben, wenn die Jünger in ihrer auf Jesu Tod gegründeten Gemeinschaft nicht der «neuen Gesellschaft», dem endzeitlichen Gottesvolk die Gestalt gaben, an der Erlösung ablesbar wäre. In den Ostererscheinungen geschah neue Berufung der Jünger, ihre definitive Verpflichtung auf den lebendigen

Christus und seine Sache, deren Recht zu beweisen nun Sache der Jünger geworden war.

Die Klarheit, welche die Jünger gewannen, die ihnen zukam, war die Klarheit darüber, daß in Jesus von Nazaret Gott selbst als Retter und Richter in die Welt gekommen war und den Tod besiegt hatte.

In Jesus hatte Gott den ersten Menschen gefunden, der nicht wie Gott sein wollte, der auf göttliche Weise Mensch war – und deshalb den Haß aller auf sich zog, die wie Gott sein wollen und zwangsläufig in neidischer Konkurrenz zu Unmenschen werden. In Jesu Tod hatte Gott selbst – in seiner Sünder=Feindesliebe – die Feindschaft der Menschen ertragen und damit allen, die auf Jesu Stellvertretung vertrauten, ein Leben in der konkurrenzlosen Freiheit der Liebe ermöglicht.

Weil Jesus ohne Sünde war, nicht in Gottfeindschaft lebte, ungeteilt, ganz Gottes Herrschaft dienstbar, konnte der Tod über ihn nicht herrschen, ist er de iure auferweckt.

Das Recht Jesu als das Recht der Liebe Gottes ist der Inhalt der Oster-Evidenz, die den Jüngern zuteil wurde. Diesen Inhalt haben die Jünger nicht produziert, sondern er ist das Produkt Jesu selbst als das Produkt Gottes. In den Visionen als Formen ganzmenschlicher Ergriffenheit haben die Jünger sich davon ergreifen, dafür engagieren lassen. Daß Jesus auferweckt war, verlieh nicht seinem Tod nachträglich Sinn; nur wurde durch den

Auferstandenen der dem Unglauben zuvor verschlossen gebliebene ureigene Sinn seines Todes,
von dem Jesus selbst im Abendmahlssaal schon
gesprochen hatte, den neu zum Glauben Kommenden offenbar.

Was die Jünger nicht verstanden hatten, daß der
Menschensohn de iure Dei viel leiden und nach drei
Tagen auferstehen müsse (vgl. Mk 8,31f; 9,31f;
10,32–34), verstanden sie nun, da ihnen der Gekreuzigte als der Auferstandene erschienen war.

Die «Dissonanz» zwischen dem Recht Gottes
und dem Recht der Menschen, dem Urteil der
Menschen und dem Urteil Gottes, war für die Jünger aufgehoben, als sie in einmütiger Gemeinschaft «die Sache Gottes» (Mk 8,33) bedachten
und durch das Tun der Wahrheit die Wahrheit erkannten. An Ostern leuchtete den Jüngern ein,
daß Jesus, der de iure auferstehen mußte, weil er
die Sünde aller ans Kreuz getragen hatte, de facto
auferstanden war, da sein Geist sie verwandelt und
zum neuen Volk Gottes gemacht hatte. Mehr
Glück gab es nicht, mehr Sinn gibt es nicht, und
mehr Klarheit ist nicht zu gewinnen, weil Gottes
Volk Gottes Glück ist, auf das er durch den Tod
seines geliebten Sohnes hin sann, der das Recht der
Liebe Gottes definitiv aufklärte. Die den Jüngern
zufallende Beweislast wird ihnen «geschenkt»,
wenn sie in der Klarheit des Glaubens auf Gottes
Glück sinnen und die gelungene Erlösung Gestalt
gewinnen lassen.

XIV. Der Vorsprung der Frauen vor den Jüngern
an Ostern

In den Berichten der Evangelien verschwinden die in der Nacht zum Karfreitag feige geflohenen Jünger Jesu bis zum Ostersonntag aus dem Blick der Erzähler und ihrer Hörer bzw. Leser. Wir haben schon eingangs erwähnt, daß nur einige Frauen, Anhängerinnen, Jüngerinnen Jesu, zu Zeugen seiner Kreuzigung wurden. Im ältesten Bericht heißt es: «Es waren aber auch Frauen, die von weitem zuschauten, unter ihnen auch Maria, die von Magdala, und Maria, die des Jakobus des Kleinen, und des Joses Mutter und Salome, die, als er in Galiläa war, ihm folgten und ihm dienten, und viele andere, die mit ihm heraufgestiegen waren nach Jerusalem» (Mk 15,40 f). Ihre Namen wechseln zum Teil in der Überlieferung der späteren Evangelisten, aber bei allen wird Maria von Magdala genannt, die in der Tradition der frühen Kirche die Ehrenbezeichnung «Apostelgleiche» erhielt. Von ihr wird über die Erzählungen vom leeren Grab hinaus, welche die Frauen als die ersten Empfänger der Botschaft von der Auferweckung Jesu und als deren Übermittler an die Jünger vorstellen (Mk 16,6 fparr), im Johannesevangelium und im sekundären Markusschluß erzählt, sie sei zur ersten Erscheinungsempfängerin geworden: «Auferstanden aber früh am ersten Tag der Woche, erschien er zuerst Maria, der von Magdala, von der er sieben Dämonen ausgetrieben hatte. Jene zog hin, meldete es denen, die mit ihm gewesen waren, die trauerten und weinten. Und jene, da sie hörten, daß er lebe und von ihr geschaut worden sei, blieben ungläubig» (Mk 16,9–11). Im Unterschied zu den feige geflohenen Jüngern werden die Frauen in den Evangelien nicht als feige vorgestellt; sie halten den Anblick der Kreuzigung Jesu aus und folgen dem Toten bis in die Nähe seines Grabes; sie eilen nach dem Sabbat zum Grab, um den Toten noch nachträglich zu salben – und sie werden mit der Veranlassung der Sammlung der Jünger des auferstandenen Herrn betraut. Und Gott gibt ihrer Botschaft gegen den anfänglichen Unglauben der Jünger durch die Erscheinungen des Auferstandenen recht.

Es spricht viel, ja, beachtet man die den Jüngern stärker zugeneigte Tendenz der Überlieferung, alles dafür, daß die Frauen, vorab Maria von Magdala, zuerst zum Osterglauben kamen, daß sie an Ostern einen Vorsprung vor den Jüngern besaßen, weil sie zwischen Karfreitag und Ostern auf dem Weg Jesu geblieben waren und rascher zur Umkehr – von der Suche des Lebenden bei den Toten – in die neue Lebensgemeinschaft mit dem Auferstandenen geführt wurden. Im Verlauf der Geschichte ist das Wissen um den Vorsprung der Frauen, die Ersterscheinung vor Maria von Magdala, durch die Hervorhebung des ersten «amtlichen» Zeugen Petrus (1 Kor 15,5) verdrängt oder –

wie etwa bei E. Renan (vgl. S. 54f), perhorresziert worden.

Es ist daher angebracht, den Vorsprung der Frauen in seiner faktisch-tatsächlichen und womöglich grundsätzlich-paradigmatischen Bedeutung zu reflektieren. Daß die Frauen und Männer zusammen alsbald die Anfangsgemeinde des Messias bilden, in der «alle ‹einer› in Jesus Christus sind ohne Unterschied von Mann und Frau» (Gal 3,28), wird am ehesten verständlich, wenn den Frauen für die Bildung dieser Gemeinde tatsächlich eine konstitutive Rolle zugefallen war. Wahrscheinlich hatten sie sich wieder einmal in der Heilsgeschichte als der empfänglichere, hörendere, ganzheitlichere Teil des Gottesvolkes erwiesen, hatte ihre Hingabe an Jesus «toto corde», ihre ganzheitlichere Bindung an Person und Geschichte Jesu sie zu Erst-Deuterinnen seines Geschicks qualifiziert. Schon zu Beginn der Passionsgeschichte wurde eine Frau vorgestellt, die Jesus im voraus zum Begräbnis salbte und die einmalige Situation für das erforderte Liebeswerk erkannte und ihr entsprach (Mk 14,3–9). Jesus gab ihr gegen den Einspruch der Jünger recht. Nach Mk 16,14 werden auch die elf Jünger von Jesus wegen «ihres Unglaubens und ihrer Verstocktheit» getadelt, weil sie denen, vorab Maria von Magdala, «die ihn nach seiner Auferstehung gesehen hatten, nicht geglaubt hatten».

Die Evangelien, die solche Erzählungen überliefern, erwarten zweifellos, daß auch die spätere «Männerkirche» mit dem Vorsprung von Frauen rechnet, dem Vorsprung derer, deren ganzheitlicher Glaube zunehmend im Bild der jungfräulichen Mutter Jesu, Maria, des Realsymbols der Jungfrau und Mutter Kirche, reflektiert wurde.

Daß die Jünger den Frauen nicht glaubten, ihre Botschaft, wie Lukas es ausdrückt, «für Geschwätz hielten» (Lk 24,11), wird von Männern gerne zu ihren Gunsten gebucht: Sie hätten *nicht leichtfertig* geglaubt. Doch können sie damit den Vorwurf der Verstocktheit nicht entkräften, den Vorsprung der Frauen nicht aus der Welt schaffen. Sie werden, wie die Jünger, diesem Vorsprung nur gerecht, wenn sie gemeinsam mit den Frauen zu ihrem besonderen (auch öffentlich-amtlichen) Teil die Auferweckung Jesu bezeugen in der «Gemeinde der Gläubigen eines Herzens und einer Seele» (Apg 4,32).

XV. Der Weg der Jünger von Karfreitag nach Ostern

Die Emmaus-Erzählung stellt den Weg der Jünger als einen von Jesus selbst, dem auferstandenen Herrn, begleiteten Weg dar. Sie deutet damit an, daß Jesus selbst der alte und neue Grund des Glaubens und der Hoffnung seiner Jünger bleibt. Seine Geschichte, der Sinn seines Todes bleibt ihnen

verschlossen, solange sie nicht ganz darauf vertrauen, daß seine Geschichte einschließlich seines
Todes die Erfüllung der Geschichte Gottes mit
seinem Volk ist. Solange sie die Geschichte Jesu als
eine Geschichte vergangener Hoffnung erzählen
und diskutieren, bleiben sie im Nicht-Verstehen,
weil sie die ihnen zugefallene Beweislast für den
Sinn des Todes Jesu nur theoretisch-engagiert,
aber nicht praktisch-engagiert übernehmen.

Die «Dissonanz», die ihr Verstehen hindert, ist
die von Kopf und Herz, die Dissonanz des Zwei-
fels, des Kleinglaubens. Klarheit war nur in der
«Umkehr» zu gewinnen.

Die Emmaus-Erzählung verdichtet den Weg
der Jünger als den Weg der Umkehr. Er beginnt
schon mit der Erinnerung an Jesus, vor dessen Anspruch sie versagt hatten. Sein Anspruch: Allein
Gottes Herrschaft, seine Ehre zu suchen, sich zu
Jesus selbst vor den Menschen zu bekennen, auch
zum Gekreuzigten angesichts seiner Gegner. Ob
Israels Sammlung gelänge, ob Gott definitiv ein
Volk gewinnen würde, hing ganz daran, ob sie auf
dem Weg Jesu, dem Weg ganzer Hingabe bis in
den Tod nachfolgen würden; ob sie in der Nachfolge Jesu den Sinn des Todes Jesu als der Ermögli-
chung ihres Lebens, neuen Lebens unter Gottes
Herrschaft begreifen würden.

In der Emmaus-Erzählung wird der Blick der
Jünger dann auf die Prophetie der Geschichte Israels gelenkt, in deren Licht auch die Geschichte

Jesu – sie selbst noch einmal als Prophetie – klar werden konnte. Das Gespräch der Jünger über ihre Erfahrungen mit Jesus wird zum Gespräch über die Bedeutung seines Todes für die Geschichte Gottes mit seinem Volk. In den Schriften Israels lag der Sinn der Geschichte Jesu, seines Todes vor; und es ging ihnen auf, daß das Leben Jesu selbst die endzeitlich-universale Lösung der Heilsfrage der Menschen war, sein Tod der Preis der Erlösung. Glück, Sinn und Klarheit gab es um den Preis des Todes Jesu: «Mußte der Messias dies nicht erleiden und (so) in seine Herrlichkeit hineingelangen?» (Lk 24,26).

Die «Herrlichkeit» des Messias, diese biblische Wendung, meint: Seine von Gott selbst her entfaltete Bedeutung, das «Gewicht» seiner Person und seines Werkes, seiner Geschichte; der imponierende Glanz, die attraktive Faszination, das federleichte Joch seines Anspruchs: das ganze Leben Gott im Volk Gottes ungeteilt im Dienst an den Brüdern zur Verfügung zu stellen – Erlösung gelingen zu lassen.

Die Emmaus-Erzählung stellt dar, daß der in seine Herrlichkeit gelangte Messias, der auferstandene Jesus selbst, den Brand in den Herzen der Jünger entfachte und in ihren Gesprächen, in der Betrachtung seiner Geschichte im Horizont der Geschichte Gottes mit seinem Volk zu ihnen sprach: «Brannte nicht unser Herz in uns, da *er* unterwegs zu uns sprach und uns die Schriften aufschloß?»

Der Brand in den Herzen der Jünger war vom Feuer seiner *doxa*, seiner Herrlichkeit, seines Geistes entfacht. Und beim Brotbrechen erkannten sie ihn: Der Menschensohn war nicht gekommen, zu herrschen, sondern zu dienen, sein Leben einzusetzen als Preis der Erlösung. Der durch ihre eigene Herrschsucht, ihre Feigheit, ihre ungerichtete Glückssehnsucht – kurz: der durch ihre Sünde verschlossene Sinn seines Todes, ihnen vorweg anvertraut beim letzten Mahl in der Nacht vor seinem Leiden, ging ihnen auf in der Um-Kehr.

Noch in derselben Stunde kehrten die beiden Jünger von Emmaus, aus der Flucht zurück in ihr früheres Leben, um, nach Jerusalem zurück, in die Gemeinde der versammelten Elf, der in ihrer Umkehr Jesus zuvor schon erschienen war: «Der Herr ist wirklich auferstanden und dem Simon erschienen» (Lk 24,34), dem Jünger, dem sein letztes Wort gegolten hatte: «Ich habe für dich gebetet, daß dein Glaube, dein Vertrauen nicht schwinde. Und du, wenn du einst umgekehrt bist, stärke, richte auf deine Brüder» (Lk 22,32).

Die Beweisführung für den Sinn des Todes Jesu im Zeugnis von seiner Auferweckung lag auf dem ganzen Leben der Jüngergemeinde als einem glücklichen, sinnvollen und klaren Leben. Angesichts des Todes Jesu, des Preises der Erlösung, des ganzen, vollen Preises, bleibt kein Tod mehr zu preisen als der Tod Jesu allein, der ein für allemal starb, damit neues, erlöstes Leben gelänge. Der Weg von Karfreitag nach Ostern ist so lang und so kurz wie unsere Umkehr.

An ihr hängt die Beweisführung für den Sinn des Todes Jesu. Fritz Zorn schrieb: «Der Tod jedes einzelnen Menschen ist der Tod aller Menschen, und der Tod jedes Menschen ist der Weltuntergang.» Die Christen singen an Ostern: «Wär er nicht erstanden, die Welt wär vergangen.» Und unsere Beweisführung? Unsere Beweisführung für alle, denen Fritz Zorn den Kriegsgott unserer Gesellschaft aufgedeckt hat, das Krebsgeschwür der Halbheit der Christenheit, in einem Satz, dessen Stichhaltigkeit wir für uns zu erwägen hätten: «Gott existiert nur zu einem Teil; zum anderen Teil ist er erledigt?»

Die Um-Kehr der Jünger nach Jerusalem, in die von Jesus gestiftete österlich-neutestamentliche Gemeinde schloß für sie jede Halbheit, jede Halbherzigkeit, jedes taktierende «zu einem Teil – zum anderen Teil» aus. Die Klarheit darüber, daß Jesus Israel erlöst, die Welt erlöst hat, die Einsicht in den Sinn seines Todes nahm ihnen die Angst um ihr Lebens-Glück, das für sie neu definiert war: Als das Glück, Gottes endzeitliches Volk in der Welt bilden und dadurch die Welt ins Heil führen zu dürfen. In ihrer Um-Kehr konnten sie alle ihre eigen-sinnigen Lebenspläne dem durch Jesus definitiv bekanntgemachten Plan Gottes ausliefern –

gegen das scheinbare Scheitern. Ihr Weg «zwischen Karfreitag und Ostern» wird zum Weg «zwischen Ostern und Pfingsten» – und dieser Weg ist der Weg der Gemeindebildung in Jerusalem mit Umzügen nicht nur vom nahen Emmaus, sondern auch vom ferneren Galiläa nach Jerusalem, der Bildung der Lebensgemeinschaft «eines Herzens und einer Seele», die «mit großer Kraft das Zeugnis von der Auferweckung Jesu gab» (Apg 4,32f): durch Heilungswunder, das Wunder der sozialen Integration («denn es war kein Armer unter ihnen», Apg 4,34), das Wunder der Einmütigkeit und des Freimuts.

XVI. Der Weg von den ersten Jüngern bis zu uns oder unsere Umkehr

Wie sollen wir, wie können wir das Rätsel der Umkehr der Jünger Jesu verstehen – ohne es aufzulösen? Wie haben sie den Beweis für Jesu Auferweckung, für den Sinn seines Todes geführt? Vielleicht kommen wir dem Weg der ersten Jünger auf die Spur, wenn wir uns ein Wort des Kirchenvaters Johannes Chrysostomus vergegenwärtigen, das uns ahnen läßt, was den Jüngern zwischen Karfreitag, Ostern und Pfingsten aufgegangen ist: «Gott liebt die Kirche mehr als den Himmel: er hat ja nicht einen Himmelsleib, sondern den Leib der Kirche angenommen; um der Kirche willen ist der Himmel, nicht wegen des Himmels die Kirche da.» Jesus von Nazaret war deshalb von Gott gesandt worden, ja dazu gestorben und auferweckt worden, damit in der Kirche das endzeitliche Volk Gottes zur Rettung der Welt entstünde. Die Umkehr der Jünger war eine Umkehr zur Kirche, die durch seine Auferstehung zu seinem «Leib» geboren wurde, den sein Geist beseelt.

Der Entschluß der galiläischen Jünger Jesu angesichts der weltgeschichtlichen Bedeutung des Todes Jesu im Zentrum des Judentums, in Jerusalem, für die Vollendung des Heilsplans Gottes Zeugnis abzulegen, entsprang der Freude über den Fund der Gottesherrschaft in der *ekklesia*, zu der sie gerufen waren. Wenn Jesus um der Gemeinde des Neuen Bundes willen gestorben und zur Rechten Gottes als das Haupt seines Leibes erhöht war, dann lag hier aller Sinn klar vor, das Glück vor den Füßen, die sich freudig bewegen lassen konnten. Die Apostelgeschichte erzählt, es seien einhundertzwanzig Personen, eine ganze Gemeinde gewesen, die sich anfänglich bewegen ließen und auf den Weg machten, um die Wahrheit der alten und neuen Verheißung zu bezeugen, daß Gott in der Mitte seines Volkes wohnen wolle, das ihm mit ganzem Herzen, dem ganzen Leben und der ganzen Kraft diene. Die Vergegenwärtigung der Verheißungen und des Anspruches Gottes seit der Umkehr und dem Exodus Abrahams und deren Aufgipfelungen im Wirken und im Tod Jesu, die prophetische Inspiration aller (vgl. Apg 2,17ff), die nun die einmütige Versammlung seiner Zeugen bildeten, und der konkrete, reale Anspruch der Gemeindebildung in Jerusalem um des aufgetragenen Zeugnisses willen ließen das den schwachen Menschen Unmögliche durch das «Wunder» möglich werden: Es entstand die Gemeinde, in der es keinen Armen gab (Apg 4,34), welche die Vollmacht besaß, die Kranken gesund zu machen (Apg 3,1ff), welche den Freimut gewann, trotz Verfolgungen öffentlich zu missionieren (Apg 4,23ff). Es entstand die Gemeinde als das eigentliche «Subjekt» des Osterglaubens, als Ort der Rettung aus «dem verdorbenen Geschlecht» (Apg 2,40), aus «der sinnlosen, von den Vätern ererbten Lebensweise» (1 Petr 1,18), dem «heidnischen Treiben» und dem «Strudel der Leidenschaften» (1 Petr 4,3f).

Umkehr, das hieß für Jesu Jünger: glauben, daß Gott aus dem toten Leib Jesu, mit dem er «*unsere* Sünden auf das Holz des Kreuzes getragen» (1 Petr 2,24) hatte, den lebendigen Leib seiner Gemeinde schaffen wollte, in dem die ehemals in der Sünde Toten als neue Kreatur leben und das gottgeschaffene Leben trotz ihrer Schwächen bezeugen sollten. Umkehr, das hieß für Jesu Jünger, zu glauben, daß Gott «den Ratschluß gefaßt hatte und ihn auszuführen vermöchte, überall Gemeinden Gottes zu gründen, die unter den bürgerlichen Gemeinden jeder Stadt als Fremde wohnen»

(Origenes). Umkehr, das hieß für Jesu Jünger, sich Gott für die Ausführung dieses Plans ganz und ungeteilt zur Verfügung zu stellen, im Vertrauen darauf, daß Gott Jesus recht gegeben hatte und deshalb Nachfolge Jesu möglich bleibe.

Umkehr hieß: akzeptieren, daß «den ungelehrten und einfachen Leuten» (Apg 4,13), den «Törichten» und «Schwachen» (1 Kor 1,27) der Auftrag zugefallen war, gegen die Jerusalemer Tempelaristokratie, gegen die «Weisen und Schriftgelehrten» (1 Kor 1,20) die Weisheit und Macht Gottes mit dem gekreuzigten und auferweckten Christus zu verkünden und im Gelingen des «Volkes Gottes» als der freien, brüderlichen, solidarischen klassenlosen «Kontrastgesellschaft» in der Welt zu bezeugen, in der Friede hergestellt, Krankheit beseitigt, Armut aufgehoben, Kultur gestaltet, Schuld in Segen verwandelt werden könnte. Umkehr hieß, darauf zu vertrauen, daß die schon in der Tora vorliegende und von Jesus erneuerte Sozialordnung des Gottesvolkes (z. B. die Bergpredigt) lebbar sei, daß die Bildung einer Gemeinde durch die galiläischen Jünger, die z. B. in ihrer Heimat von der Fischerei gelebt hatten, in der Metropole Jerusalem möglich sei, wenn alle alles zur Verfügung stellen, was sie besaßen, und so konkret «mit großer Kraft» (dem ganzen Vermögen) ihr Zeugnis gaben.

Umkehr hieß: sich wie zuvor von Jesus, dem gesellschaftlichen Außenseiter aus dem verachteten, hinterwäldlerischen Nazaret, so jetzt von Petrus, der Jesus verleugnet hatte, und den Elfen, die schon zuvor davongelaufen waren, von Frauen, die sich ganz in den Dienst Jesu gestellt hatten und nun der Gemeinde dienten, von Matthias, den die Gemeinde nicht demokratisch-mehrheitlich wählte, sondern nach einmütiger Kandidatenaufstellung durch den Losentscheid als Zwölfermann akzeptierte, führen zu lassen.

Umkehr hieß: sich auf eine neue Vergesellschaftung mit hundert Brüdern und Schwestern, an die dieselbe Berufung und derselbe Auftrag band, einzulassen in überschaubaren, engagierten Lebens- und Tischgemeinschaften, in der ganzen Verflechtung des Lebens in der Gemeinde und ihrer Versammlung.

Das der Auferweckung Jesu korrespondierende Wunder und ihr eigentlicher «Beweis» ist die Erweckung der neutestamentlichen Gemeinde, die Erweckung der toten Sünder zu lebendigen Steinen im Bau der Kirche. Wer heute an Ostern glaubt, ohne die Kirche mitzuglauben, ohne die österliche Frucht der Gemeinde Jesu als des «sacramentum mundi» mitzuglauben, glaubt vielleicht an einen Mysterienhalbgott Jesus, pachtet sich vielleicht einen religiös gedeuteten Jesus als Garantie der eigenen Unsterblichkeit, glaubt aber nicht an den Stifter der Weltkirche, weil er dessen Testament nicht traut. Die Kirche mitglauben, heißt: ihre österlich-pfingstliche Form des Verbundes, der communio überschaubarer Gemeinden mitglauben. In diesen Gemeinden ist das ganze Leben ihrer Mitglieder zur neuen Gesellschaft der Familie Gottes und Jesu Christi verflochten, in der alle für die Sendung der konkreten Gemeinde, mit der Gott zum Heil der Welt Geschichte machen will, je das eigene, vom anderen verschiedene Ganze (mit Stärken und Schwächen) einbringen können. Wer nicht sieht und vor allem wer nicht wahrhaben will, daß die den Jüngern zugefallene «Beweislast» für den Sinn des Todes Jesu und die Wirklichkeit seiner Auferweckung und Erhöhung zur Rechten Gottes als des Richters der Lebendigen und der Toten darin besteht, die Erlösung durch den Aufbau der Kirche in neutestamentlich verfaßten Gemeinden zu bezeugen, denen der Schlüssel zur Lösung aller Probleme der Menschen und Völker anvertraut ist, der glaubt nicht an Jesus als den Sohn Gottes und den Richter der Welt, sondern hält andere Methoden, Frieden zu schaffen, Hunger zu beseitigen, Klassen aufzuheben usw., für die praktikableren und realistischeren als den Weg, den Jesus seinen Jüngern auftrug.

Daß vielen der Blick auf den Weg Jesu verstellt ist, obwohl er in den neutestamentlichen Schriften klar gezeichnet und in der Geschichte der Kirche der ersten Jahrhunderte und mannigfacher Aufbrüche späterer Zeiten deutlich gespurt ist, hängt mit einer Krankheit der Kirche seit der sogenannten «Konstantinischen Wende» zusammen, die Salvianus von Marseille im 5. Jahrhundert so beschrieben hat: «Verschwunden und längst vorüber ist jene herrliche, alles überragende, beseligende Kraft der Frühzeit deines Volkes, Kirche, da alle, die sich zu Christen bekannten, den vergänglichen Besitz an irdischem Vermögen in die ewigen Werte himmlischer Güter verwandelten ... Denn als sich die Masse der Gläubigen vervielfachte, ward der Glaube selbst verringert, und mit dem Wachstum ihrer Kinder wird die Mutter krank. Und so bist du, Kirche, durch deine gesteigerte Fruchtbarkeit schwächer geworden, bist durch die Mehrung zurückgesunken und hast an Kräften abgenommen. Gewiß: Du hast über die ganze Welt hin die Glieder ausgesandt, die zwar dem Namen nach den Glauben haben, aber keine Glaubenskraft, und so begannst du reich zu werden an Scharen, aber arm an Glauben; du wurdest weiter dem Leibe nach, aber verkümmertest an Geist. Du bist, möchte ich sagen, zu gleicher Zeit in dir größer und in dir kleiner geworden – eine fast nie dagewesene, unerhörte Art von Fortschritt und Rückschritt in einem, indem du zugleich zunahmst und abnahmst.

Denn wo ist jetzt deine ehemalige wundervolle Gestalt, die Schönheit deines ganzen Leibes? Wo gilt noch jenes Zeugnis der Heiligen Schrift, das da von deinen lebendigen Tugenden rühmt: ‹Die große Zahl der Gläubigen war ein Herz und eine Seele, und nicht einer bezeichnete etwas von dem, was er besaß, als sein Eigentum› (Apg 4,32)? Von diesem Zeugnis – Gott sei es laut geklagt! – besitzest du nur mehr die geschriebenen Worte, nicht mehr die innere Kraft; nur mehr durch dein Wissen stehst du ihm nahe, im Gewissen stehst du ihm fern.»

Daß vielen der Blick auf den Weg Jesu verstellt ist, hängt, so belehrt uns schon Salvianus, mit dem schlechten Gewissen der Kirche zusammen, mit unserem schlechten Gewissen.

Umkehr, das heißt folglich für uns, Rückkehr auf den Weg Jesu, den Weg der Jünger Jesu, den Weg der neutestamentlichen Gemeinden. Nur auf diesem Weg wächst der Kirche, uns, die «innere Kraft» wieder zu, welche auch die «geschriebenen Worte» zu verstehen ermöglicht, die Dissonanz von Unverständnis und Verstehen aufhebt.

Fritz Zorn, mit dem wir uns in ein Gespräch einließen, glaubte erkannt zu haben, daß er, vom Krebs vergiftet, «das Produkt der christlichen Universalneurose sei», Die «geschriebenen Worte» hat auch er gekannt – und viele geschriebene Worte über die geschriebenen Worte. Von der «inneren Kraft» hat er nichts erfahren. Wir können uns aus der Verantwortung dafür nicht entlassen.

Wo die «innere Kraft» die «geschriebenen Worte» wieder ergänzt und die «ehemalige wundervolle Gestalt» der Kirche erneut aufscheinen läßt, ist hingegen auch heute die Macht der Auferweckung Jesu erfahrbar. Auf dem Totenzettel eines – mit Fritz Zorn fast gleichaltrigen – jungen Mannes, der auch an Krebs starb, lese ich die Worte, die er vor seinem Tod notierte: «Mit dem Kopf war mir eigentlich schon lange klar, daß der Glaube etwas mit der Freude über bereits Geschehenes zu tun hat, das vor uns ausgebreitet daliegt, und nichts mit Warten auf zukünftige Mirakel» (26. 1. 82). Er hatte hinzugefügt: «Jetzt kann ich das im Lauf von Wochen am eigenen Leib erfahren – von all den andern gehalten in der Freude über jeden Tag mitten in der Gemeinde.» Er war in seiner Freude, in seiner Umkehr, wie auf dem Zettel aus seinem Nachlaß zu lesen stand, «gesprungen von Morgen nach Heute». Der Tod hatte seinen Stachel verloren.

XVII. Zwischen Ostern und Pfingsten

Wenn Paulus in 1 Kor 12,3 statuiert: «Niemand kann sagen: ‹Jesus ist der Herr›, außer im Heiligen Geist», so bindet er das Bekenntnis zur Auferweckung und Erhöhung Jesu an die Gabe des Geistes – auch für die ersten Jünger Jesu. Nach Joh 20,22 hat der Auferstandene den Jüngern an Ostern den Geist verliehen, die Frucht seiner Erhöhung (Joh 7,39). Nach der Darstellung der Apostelgeschichte hat der zur Rechten Gottes Erhöhte an Pfingsten den vom Vater empfangenen

Geist auf die ganze Erstgemeinde ausgegossen (Apg 2,33). In dieser unterschiedlichen Ausfaltung werden zwei Aspekte des einen österlich-pfingstlichen Geschehens zur Sprache gebracht: Der göttliche Geist Jesu, des Herrn, belebt den Leib seiner Kirche als den Ort der Ostererfahrung, österlichen Verstehens und pfingstlich-missionarischen Freimuts. Jesus erweist sich als der Auferweckte und Erhöhte als «der lebendig machende Geist» (1 Kor 15,45). Der Christus, der sich am Kreuz «kraft ewigen Geistes Gott dargebracht hat» (Hebr 9,14), ist der Spender des Geistes geworden, der «als der andere Beistand in Ewigkeit» bei den Jüngern bleibt (Joh 14,16). Das Wunder von Ostern ist also auch grundlegend der Übergang von Jesu Weggang in seinen Tod zu seiner eschatologisch-universalen Präsenz in seiner Gemeinde. So begleitet er, der schon vor Ostern der mit dem Geist Gesalbte und Erfüllte war, seine Jünger ins Verstehen der Wirklichkeit und Wahrheit seiner selbst und ihrer Sendung. Auch von hierher verstehen sie den Sinn und die Notwendigkeit seines Todes: «Wenn ich nicht weggehe, wird der Helfer nicht zu euch kommen» (Joh 16,7).

Die Vollendung der Offenbarung Gottes zwischen Ostern und Pfingsten ereignet sich demnach in einem doppelt-einen Geschehen: Der Heilige Geist, der «andere Beistand», «der für immer» bei den Jüngern bleiben (Joh 14,16), der sie «alles lehren» und an alles, was Jesus ihnen gesagt hat, «erinnern» (Joh 14,26) und sie «in die ganze Wahrheit führen» (Joh 16,13) soll, macht als der Geist des Vaters und des Sohnes das Wesen Gottes, seinen Willen und Plan, auf der Erde voll bekannt; und: Es gelingt Gott durch seinen Geist, nicht nur hin und wieder einen einzelnen Propheten, einzelne Geistträger zu erwecken, sondern ein ganzes Volk von Propheten zu schaffen, das auch insofern die alten Propheten überragt, als es an der Inkarnation des in und durch Jesus vollendet mitgeteilten Geistes Gottes selbst teilhat. Daß in der Kirche sowohl der erhöhte Christus als auch der Heilige Geist gegenwärtig vorgestellt werden, bedeutet eben dies eine: Gottes Geist selbst ist durch Jesus an das ganze neue Volk Gottes vermittelt worden.

In den Zeiten und an den Orten, wo in der Kirche wenig von der Kraft des Geistes Gottes zu erfahren ist (was immer daran liegt, daß wir uns seinem Wirken verweigern), reagieren die Theologen entweder unbewußt mit einer Reduzierung des Heiligen Geistes und des auferweckten Christus auf den Geist der christlichen Gemeinschaft und die Tatsache ihrer sozialen und spirituellen Existenz; oder sie tradieren in (dann so empfundenen) «Leerformeln» die Lehren von der Trinität, der Einwohnung des Heiligen Geistes und der Realpräsenz Christi, ohne eine heutige Erfahrung damit wirklich verbinden zu können, so daß der Eindruck entsteht, der Glaube der Christen bestünde darin, die unerlebbaren Dinge für wahr und wirklich zu halten; oder sie rücken einen Randaspekt der Geistererfahrung, den Enthusiasmus (etwa der Glossolalie), ins Zentrum, der immer nur beschränkt verbindende Kraft hatte und hat.

Deshalb ist es heute so wichtig, auf das Ganze der erfahrbaren Seite des Geheimnisses von Ostern und Pfingsten zu verweisen, ja sie zu beschreiben. Die durch Pfingsten erst voll ausgelegte Osterbotschaft lautet, in Übersetzung der neutestamentlichen in heutige Sprache: Gottes Wesen und Wollen, in Liebe und aus Liebe sich zum anderen hinzubeugen und auf der ihm eigenen Stufe des Daseins sein Leben mit ihm zu teilen (seine Agape), ist durch Jesus von Nazaret, seinen Sohn, uns gezeigt und für uns lebbar gemacht worden; daher ist das Gottesvolk aufgrund der Mitteilung göttlichen Lebens als «Neue Familie» (als Koinonia) ins Leben gekommen, möglich geworden. Vor dem Angesicht Gottes, in der Begeisterung und im Dank für diese größte und wichtigste aller Entdeckungen, die Entdeckung, wie Gott ist und wie er die Menschen erlöst, ist das Grundwunder immer wieder möglich: daß die Kirche einmütiges Volk und zum Sakrament der menschlichen Gesellschaft wird.

Wir können also sagen: Das Rätsel der Umkehr der Jünger zwischen Karfreitag und Ostern besteht im Mysterium (sacramentum), daß Jesus als der Herr, der Geist (vgl. 2 Kor 3,17), die Umkehr der Jünger betreibt, die sich vom Geist ergreifen, faszinieren, verwandeln lassen: Zwischen Ostern und Pfingsten werden die Jünger zum «Tempel des Heiligen Geistes», zur Gemeinde Gottes erweckt.

Das Wunder von Ostern (und Pfingsten) ist also ebenso grundlegend die Stiftung der Kirche, der neutestamentlichen Gemeinde, in der die Nähe Gottes die ehemals Fernen verbindet und in der die Erlösung real-präsent wird, weil hier jeder einzelne gesellschaftlich befreit wird, da ihm die Sünden nachgelassen werden (Joh 20,23). «Wo der Geist des Herrn ist, da ist Freiheit» (2 Kor 3,17), persönliche und gesellschaftliche und deren Vermittlung; es ist die Freiheit *des* Friedens, den der Auferstandene seinen Jüngern zusprach, und in der jeder Jünger die Worte des greisen Simeon zu den seinigen machen kann: «Nun entläßt du, Herr, deinen Diener nach deinem Wort im Frieden. Denn meine Augen haben dein Heil gesehen, das du bereitet hast vor dem Angesicht aller Völker: ein Licht zur Erleuchtung der Heiden und zur Verherrlichung deines Volkes Israel» (Lk 2,29–32).

Das Wunder von Ostern und Pfingsten, wie es Lukas in der Apostelgeschichte wiederholt (vgl. Kap. 2;10–11 und 19) beschreibt, ist die Erweckung des Gottesvolkes zu seiner eschatologischen und universalen Gestalt. Was von den (wenigen)

Propheten für die Endzeit, die «letzten Tage» (Apg 2,17), versprochen war, wird nun Wirklichkeit: Der heilige Geist macht alle zu Propheten, die Alten und die Jungen, Frauen und Männer, Freie und Sklaven; und Gott erwirbt so für seinen Messias Jesus ein geschichtsmächtiges, weltdurchsäuerndes Volk, eine klassenlose Gesellschaft. Er beruft zu ihr Menschen «aus jeder Nation» und läßt so die «Internationale Gottes» entstehen, das universale Gottesvolk, in dem auch die Rassenschranken niedergelegt sind und das alle Menschen einzuladen vermag, allen Orientierung geben kann. Das Wunder von Ostern und Pfingsten ist auch die Erweckung des Mutes, des Freimuts der apostolischen Kirche, trotz Verfolgung öffentlich zu wirken, das «Politicum» der Erlösung in der gesellschaftlichen Gestalt der Gemeinde zu bezeugen und das in ihr und durch sie erfahrbare Heil theologisch zu erklären (vgl. Apg 2–4). Die Geschichte Jesu, sein Tod und seine Auferweckung erklären, wie die Pfingstpredigt des Petrus ebenso wie seine Predigt vor dem Hohen Rat nach seiner Verhaftung zeigen, das Wunder der Gemeinde wie die durch sie geschehenden Wunder.

Das pfingstliche «Sprachenwunder» ist – dem kanonischen Anspruch des neutestamentlichen Zeugnisses gemäß – kein Mirakel des längst vergangenen Anfangs, einer im idealisierenden Rückblick vergoldeten Urzeit der Kirche; es besteht vielmehr, wie der in der Pfingsterzählung verar-

beitete Stoff des jüdischen Wochenfestes unzwei-
deutig anzeigt, darin, daß die Gemeinde bleibend
(und über alle Verstellungen und alle Sprachlosig-
keit hinweg) die für alle Völker verstehbare Sprache findet: in ihrer wunderbaren Geschichte und
in ihrem diese deutenden Wort. Am jüdischen
Wochenfest wurde damals der Gesetzgebung am
Sinai gedacht, wie es Gott gelungen war, die zuvor
allen Völkern angebotene Tora, die lebenschaf-
fende, heilende, Armut beseitigende, Klassen auf-
hebende Sozialordnung Gottes, wenigstens Israel
zu übergeben, damit es als Volk Gottes den Weg
des Heils für alle Völker bahne und offenhalte:
den Weg aus der Sklaverei – dem «Ägypten» der
einzelnen und der Gesellschaften – in die Freiheit.

Die christliche Gemeinde erfährt an Pfingsten,
daß durch Jesus von Nazaret Gottes Volk seine
eschatologisch-universale Gestalt erhalten hat und
deshalb die allen verstehbare Sprache sprechen
kann, die Sprache des Wunders: Alle reden pro-
phetisch (Apg 2,17 ff), alle teilen alles miteinander
(Apg 2,44 ff) und haben somit mitteilbares Leben
(Apg 3,1 ff), alle sind «ein Herz und eine Seele»
(Apg 4,32) und haben *eine* (aus vielen Geschichten
zusammengefügte) Geschichte; es gibt «keinen
Armen unter ihnen» (Apg 4,34), und Streit unter
ihnen wird produktiv geschlichtet (Apg 6,1 ff;
15,1 ff). Sie reden, weil sie nicht davon «nicht reden können, was sie gesehen und gehört haben»
(Apg 4,20).

Der Weg von Karfreitag nach Ostern führt hin zu Pfingsten, die «zwischen Karfreitag und Ostern» begonnene Umkehr bekommt «zwischen Ostern und Pfingsten» ihren Ort. An diesem Ort, der Gemeinde Gottes, der Kirche, hängt fortan der Bestand der Welt. Der Verfasser des Diognetbriefs hat im zweiten Jahrhundert diesen Sachverhalt – die Spitze christlicher Ostertheologie – so formuliert: «Was die Seele im Leibe ist, das sind die Christen in der Welt.» Wie die Seele vom Leib umschlossen werde und doch ihn zusammenhalte, so sei es mit den christlichen Gemeinden in der Welt. Gott selbst habe sie in eine solche Stellung versetzt, und die Christen könnten sich nicht selbst daraus entlassen. Wo sie ihre Sendung zur «Entlassung» entarten ließen, bleibt der Welt nur das Urteil, wie es in Peter Handkes «dramatischem Gedicht» «Über die Dörfer», uraufgeführt im Sommer 1982 in Salzburg, wiederholt ausgesprochen wird: «Es gibt in unsrer Menschengeschichte nirgends einen stichhaltigen Trost.» Und die Erinnerung an Ostern bleibt dann diese: «Heimwärts am Ostermorgen mit dem brennenden geweihten Baumschwamm, bestimmt für das Herdfeuer zu Hause, der mir dann knapp vor dem Ziel verkohlt vom Tragedraht fiel, worauf ich ein letztes rauchendes Stück im bloßen Handteller über die Schwelle trug.» Ein Gleichnis? Kann das Osterfeuer anders als «im bloßen Handteller über die Schwelle» getragen werden?

Wann wird es wieder entfacht?

Die «Verwalterin» im «dramatischen Gedicht» weiß (noch):

«Niemals wird kommen der Tag,
er ist schon da.»

Der «neue Tag» ist festgesetzt: «Heute» (Hebr 4,7). Und es gilt: «Darum beherzigt, was der Heilige Geist sagt: Heute, wenn ihr seine Stimme hört» (Hebr 3,7).

Es gibt einen stichhaltigen Trost.